マインド・コントロール

増補改訂版

岡田尊司

文春新書

1074

はじめに

マインド・コントロールの技術には、二つの側面がある。一つは、他人の心理状態を操作することにより、他人を支配したり搾取したりする面である。一般にマインド・コントロールという言葉は、こちらの意味に用いられることが多い。その最たるものが「洗脳」と呼ばれる一連の操作である。一人の人間に対して行われる場合もあるが、集団に対して行われる場合もある。

マインド・コントロールは、独裁体制の専売特許のように思われがちだが、実際には、民主政治においても、マインド・コントロールは重要な意味を持つ。大衆の投票行動を意思決定の基盤とする民主政体にあっては、流布される情報が政治を動かすことになる。プロパガンダやマスコミ操作もまた、大衆レベルのマインド・コントロールにおいて極めて重要な意味を帯びている。

その意味でマスコミは、意識的であるかどうかはともかく、大衆のマインド・コントロールに加担していると言える。

一方、マーケティングの分野でも、マインド・コントロールの重要性は高まるばかりである。商品そのものの価値ではなく、コマーシャルや広告によって、購買行動や売り上げが左右されるという現実がある。同じ商品でも、売り出し方によって大ヒットすることもあれば、まったく売れないこともある。顧客のハートをつかむことができるかどうかは、商品の技術的価値よりも魅力的なイメージを喚起できるかどうかに左右される。

企業も、営業マンも、販売担当者も、顧客の心をつかむため、マインド・コントロールの技術を駆使するようになっている。莫大な宣伝広告費が注ぎこまれるコマーシャルや広告には、しばしばマインド・コントロール技術が応用されている。

マインド・コントロールには、このように、他人を操作するというネガティブな側面がある一方で、非常にポジティブな側面もある。自分の心理状態をコントロールすることで能力を発揮したり、より高いパフォーマンスを実現したりする効用の部分である。こうしたマインド・コントロールの技術は、自分の能力を最大限に活かしたり、困難や障害を克服するうえで、とても有用な技術である。

個人のレベルで行われるマインド・コントロールも、集団のレベルで行われるそれも、使われ方一つで、人間を操り人形に変えてしまう非人道的な搾取技術にもなれば、生活や人生のクオリティを高め、可能性の限界を広げる極めて有用な手段にもなり得る。毒にも薬にもなる劇薬なのである。

マインド・コントロールというテーマは、このように重要で、魅力的なものであるにもかかわらず、いざこのテーマについて本を書こうとして文献に当たり始めると、一つのことに気づかされる。それは、このテーマに関する数多くの本が出版されているにもかかわらず、読むに値する著作が極めて少ないということである。怪しげな内容のものや著者の妄想に近いものさえある。

何冊そうした本を投げ捨てたことだろう。海外の文献も含めて、真に読む価値があると言える質の高い著作は、私が渉猟した限りでは、十数冊に過ぎなかった。本書のバックグラウンドの一つは、それらの著作に負っている。そして、もう一つの情報ソースは、公表された裁判記録やＣＩＡの極秘資料である。さらに、もう一つのバックグラウンドは、私自身の臨床経験である。

私は、医療少年院という臨床の場に長年かかわる中で、数多くの特異なケースに出会ってきたが、その中には、反社会的集団や人物によって、マインド・コントロールを受け、肉体的、精神的、性的搾取を受けてきたというケースが少なからず含まれていた。こうした若者たちが回復を遂げることは、すなわち、彼らが受けたマインド・コントロールを解くことでもあった。

その希少な経験から学ばせていただいたことは、もっと広く社会一般にみられる、さまざまな心理的支配からの自立のプロセスにも通じるものである。そのエッセンスを紹介したい。意外にも、普遍的な真実を含んでいることに驚かれるだろう。

付記

二〇一二年に単行本として刊行されて以来、特殊なテーマで、しかも専門的な内容であるにもかかわらず、予想外にも多くの人に手に取っていただき、望外の高い評価を得てきた。中国語や韓国語にも翻訳され、両国でも読者を得たことも、予想さえしていなかったことである。今日の国際的、政治的状況を考えると、意義深いことだと感じている。

今回、新書版として増補改訂することとなり、単行本の刊行後入手した文献や資料にも当たり、中身の充実と刷新のため、大幅に加筆を行った。この何か月か、そうした作業に取り組みながらも、マインド・コントロールというもののテーマの豊饒性と奥深さを改めて感じた。事実は小説よりも奇なりで、ありふれたミステリーよりも、はるかに楽しんで読んでいただきながら、人間性の真実に触れて頂けるものと確信している。

マインド・コントロール　増補改訂版◎目次

第一章　なぜ彼らはテロリストになったのか

テロリストが育つ背景

二十一世紀は、東西冷戦に代わるテロとの戦いで幕を開けた。今もテロは世界各地で頻発している。それは、世界平和の新たな脅威ともなっているが、軍事的弱者が強者と戦うための捨て身の戦術という側面をもつことも事実である。

その「使命」のために自分の命までも投げ出してしまう「自爆テロ」は、マインド・コントロールという観点でも注目されてきた。なぜ、自爆テロという過酷な「使命」を、彼らは全うできたのか。自爆テロを行う人々は、本当にマインド・コントロールを受けているのだろうか。

九・一一の世界貿易センター・ビルの事件以降、そうした疑問はとみに強まった。そうした中、自爆テロを行った人々の背景や心理状態を調査した研究によると、彼らが、特に精神的に不安定であるとか、異常心理にとらわれていたことを示す証拠は得られなかった。また、信仰心が特に篤い家庭環境で育ったとか、もともと狂信的に殉教を望んでいたといったことも認められず、むしろ信仰心が乏しく無神論的な傾向をもった人もいたという。

テロリストたちは、生きることが困難で将来にも期待のもてない貧困層の出身者よりも、むしろ裕福で恵まれたエリート階級の出身者に多く、高学歴で、医師やエンジニアなどの専門技能を必要とする職業に就いていた。社会の少数派に属し、疎外感を味わっていたというケースもあるが、実際にひどい迫害や屈辱的な体験を受け、復讐を望んでいたケースはむしろ稀であった。

9・11世界貿易センター・ビルへの自爆テロ（@amanaimages）

この点は、地下鉄サリン事件を実行したオウム真理教のテロリストたちにも通じる点だと言える。教祖の麻原彰晃には、視覚障害があり、普通学校や大学に進めなかったことに不遇感や劣等感を抱えていたが、彼以外の教団幹部の多くは、一流大学や大学院卒の知的エリートであり、世を恨むような屈辱的体験を味わっていたわけではない。

また、テロリストたちは、それほど孤独であったり社会から孤立しているわけでもなかった。アルカイダのテロリストを調査した研究によると、彼らのうちの四分の三には配偶者がいて、三分の二には子どもがいた。

また、一般に思いこまれていたほど、洗脳によって操り人形のような状態になっていたわけでもなかった。テロの失敗などにより生き残ったケースを面談した調査によると、彼らの多くはむしろ理性的な人物で、自分がテロ行為を決意するに至った経緯を理路整然と説明し、納得の上でそうしたことを決行したことを話した。

カルト教団や政治セクトでは、勧誘を受けて入信するということが一般的だが、自爆テロを行うようなテロリストの場合、実際に調査してみると、テロ組織のスカウトから勧誘を受けて自爆テロリストになったというよりも、大部分のケースは、自ら組織に接近したことが明らかとなっている。テロリストの仲間入りをすることは、むしろ特別なものだけに許される名誉なのである。誰でも仲間に入れてもらえるわけではなく、厳重な審査と試行期間を経て初めて、その資格を与えられるのだ。そうした排他的仲間意識が、テロリストの結束を強め、摘発を困難にしている。

ミシガン大学のスコット・アトランが九・一一にかかわったテロリストの生き残りやアルカイダのメンバーに面接した調査によると、彼らの育った世界では、自爆テロによって「殉教者」となることは、サッカーのスター選手になるのと同じくらい憧れであり、小さい頃からの環境の中で、すでにその芽は育まれているのだという。仮にスカウトが声をかけてきたとしても、それは、一つのきっかけに過ぎない。神が自分を選んで、チャンスを与えてくれたのだ。その瞬間が訪れるまでに、準備は整えられていたのだ。

暴力団が、もっと幅を利かしていた時代、似たようなことが起きていた。その仲間に加えられることを、ある種の「名誉」のように思い、その手先となって手柄を上げようとした若者も少なくなかった。その若者が属する狭い社会では、ヤクザとして生きていくことは、「かっこいい」ことであり、憧れであった。

かつてヤクザ映画が大入り満員だった時代があった。今日の宮崎アニメやディズニー映画がそうであるように、国民的な娯楽であった。活きのいい若者たちが、そこに自分のヒーロー像を見出すことも、自然なことだった。

暴力団の鉄砲玉になることに、自分の存在価値を見出した若者もいた。それに比べれば、政治的、宗教的にも高尚な意味づけをされ、国際的にも大注目を浴び、世界を揺り動かしている「聖戦」に加わり、「殉教」することは、はるかに大きな精神的満足を約束するだろう。だからこそ彼らは、自らの覚悟と決心のもとで、そうした行動をとったとも言える。

ただ、それは彼らがマインド・コントロールを受けていたことを、何ら否定する根拠にはならない。マインド・コントロールを受けたものは、自らが主体的に決意して自己責任で行動したと思うことが、むしろ普通だからだ。マインド・コントロールが上質なものであればあるほど、コントロールを受けた者は、自分が望んでそうすることにしたのだと感じる。

安っぽいマインド・コントロールの場合には、コントロールする側の作為が正体を現し、欺瞞の痕跡を残してしまう。そうした場合、いつか不信が芽生えた時、それが破れ目にもつながり、マインド・コントロールが解けてしまうことにもなる。

だが、完璧な形でマインド・コントロールが行われた場合には、すべては必然性をもったことであり、それに出会う幸運をもったのだと感じ、喜び勇んでその行動を「主体的に」選択する。

浮かび上がる共通する特徴

一見すると、エリートで、恵まれた階層に育ち、将来も有望に思える彼らであったが、重要な共通する特徴がいくつか見出された。どういう人が、どういうプロセスを経てテロリストになるのか、それはもう少し踏み込んだ姿を教えてくれる。

一つは、理想主義的で、純粋な傾向を備えていたことである。また、もう一つは、彼らは社会でうまくやっているように見えていても、実際には、社会で生きることに苦痛や困難を感じており、あるいは、社会に対して不信感を抱いていたということだ。不適応が顕在化して、すでにドロップアウトしている場合もあるが、潜在的な不適応を抱えているものの、周囲は問題に気づいていないという場合もある。

移民といった社会のマイノリティという状況は、疎外を生みやすい背景だが、必ずしも、彼らが社会の最下層で、もっとも虐げられた人たちだというわけではなかった。マイノリティの中では、むしろ高い教育も受け、比較的恵まれた家庭で育っているという場合も少なくない。社会の主流派に属し、何不自由なく大きくなり、エリートの道を歩んでいたにしろ、マイノリティとして、幼い頃から社会の矛盾を味わっていたにしろ、彼らはどこかの時点で挫折や疎外感を味わい、自己の存在価値やアイデンティティを脅かされていた。

彼らの純粋さと理想の高さが、面白くない現実と折り合いをつけることを難しくしたと考えられる。

社会において自分の価値を認められず、アイデンティティを見出せないものは、社会の一般的な価値観に刃向うことで、自己の価値を保とうとする。こうしたカウンター・アイデンティティは、社会から見捨てられたものにとって、自分の人生を逆転させ、自分の価値を取り戻すような歓喜と救いの源泉ともなるのである。誰からもまともに扱われなかった存在が、受け入れられ、認められたと感じるとき、そここそが生き場所となる。

だが、そうした背景とともに、彼らに共通していたのは、彼らがテロリストになるまでに通過したプロセスであった。調査を行ったイスラエルの心理学者アリエル・メラリは、そのプロセスを「トンネル」に喩えた。そのトンネルを通り過ぎるうちに、普通の理性的な人間が、テロリストに生まれ変わってしまうというのだ。

彼らが理性的な普通の若者と何ら変わらなかったからといって、自爆テロを行ったときの彼らが、普通の若者であったということではない。彼らは、そのプロセスの中で、自爆テロを忠実に実行できる存在に作り替えられるのだ。

そこで鍵を握る「トンネル」とは、この場合何を表しているのだろうか。トンネルは、細く長い管状の通り道で、外界から完全に遮断されている。入口を入れば、後は出口まで光はない。

そこには、二つの要素がある。

外部の世界からの遮断と、視野を小さな一点に集中させるということだ。トンネルの中を潜り抜けている間、そこを進んでいく者は、外部の刺激から遮断されると同時に、出口という一点に向かって進んでいるうちに、いつのまにか視野狭窄に陥る。

普通の理性的な若者が、何百人もの命を容赦なく奪うことも平然と行えるテロリストに生まれ変わるための鍵を握るのも、この二つの点にあるとされる。外部から遮断された小さな世界。そして、ひとつの目的に向けて、視野狭窄を生じさせること。

小集団、小さなチームとの排他的な関係がまず用意される。そこでほとんどの時間を共に過ごし、それ以外の生活や外部からの情報の流入を可能な限りシャットアウトする。そうすることで、そこでの生活がすべての基準となっていく。小さな集団を支配しているルールや価値観に、いつのまにか支配されるようになる。

ミシガン大学のスコット・アトランは、調査の結果、モロッコの片田舎には、一つの町から何十人もの若者が自爆テロに志願している地区があることを突き止める。特別な養成や教育が行われたわけではなかった。他の者が志願することによって、自分も志願したいという連鎖が生じたのである。

つまり、属している小さな集団の他のメンバーがどう考え、どう行動するかということも、意思決定を大きく左右する。小さな集団がトンネルの役目をして、彼らの視野を、他の選択肢などないところまで狭めていく。トンネルの中にいる者にとっては、トンネルの中が世界のすべてとなる。もう自分たちが狭いトンネルの中にいるとは思わなくなる。それが、すべてだと思考が単純化されていく。

志願してきた若者を、本物のテロリストに育て上げる場合にも、この原理がうまく活用される。志願者は、小集団で一緒に暮らし訓練を受ける。寝起きを共にし、同じ釜の飯を食い、同じ目的に向けて教育や訓練を施される。テレビも新聞もなく、教え込まれる訓練と仲間との接触だけが、すべての刺激となる。すでに訓練を受け、強い決意をもった先輩や指導教官が、モデル（手本）となり、新人訓練生たちは、彼らと同じように考え、行動するようになる。小集団で共に暮らすことによって生まれる結束が、彼らの行動をさらに縛っていく。もはや後に退くことは仲間を裏切ることであり、前に進むことしか許されないのだ。

後戻りさせないための仕掛け

一旦テロを決意しても、人間なので怖気づいたり、死ぬのが怖くなることもあるだろう。そうした後戻りが起きないための仕掛けが施されているという。

その一つは、テロを実行する前から、その人を「英雄」として扱うことである。崇拝されている指導者が一緒に食事をするとか、死後公開するための遺言をビデオに撮るとか、彼のための記念碑を建てるといったことが行われる。また、家族も「英雄」を生み出した一家として栄誉と経済的優遇を受ける。

すでに彼の死は「既成事実」となり、独り歩きを始めている。いまさら止めるとは言えるはずもない。「英雄」らしく、家族や仲間のために使命を全うするしかないのだ。

これは、自爆テロの場合に限らない。日本でも、戦時中、出征するとなると、人々がそれを祝い、万歳三唱で送り出した。「立派にお国のために戦ってきます」と大見得を切って国を出てきた者に、もはや退路はない。

彼の属した小さな集団が、有無を言わせず、その命を取り上げてしまったのだ。大抵の者は、それに逆らうことができない。なぜなら、社会的生き物である人間にとって、所属する集団から認められることは、命よりも重要なことだからだ。所属する集団から見捨てられることは、死よりもつらい。

仲間外れやいじめを受けた者が、死を選ぶことも珍しくないのも、そこに起因する。その人が、狭い逃げ場のない世界に生きていればいるほど、仲間外れやいじめは、死よりもつらい責め苦となる。

学校という閉じられた世界は、人を追い詰めるトンネルとしても作用する。それもまた、人が社会的生き物であるがゆえの悲劇だ。

小さな集団で暮らし、一つの考えだけを絶えず注ぎ込まれることによって、その考えは、その人自身の考えとなるだけでなく、その小集団や仲間に対する愛着ゆえに、もはやそれを覆したり、期待とは異なる振る舞いをすることができなくなる。集団の絆が、今や彼を死に縛り付け、犠牲となることから逃れられなくする。愛する集団のために自らの命を捧げることによって、英雄となることでしか、自分の存在を証明する道は残されていない。もしそこから逃げれば、彼は愛する仲間を裏切るだけでなく、自分の存在を卑しめてしまう。

仲間との絆という集団の圧力と、自分の存在価値を証明しようとする自己実現の願望の二つが、そこにはかかっている。それ以上に強力な駆動装置は存在しないだろう。

社会に溢れる「トンネル」

こうした「トンネル」は、危険な目的に利用されるだけでなく、実は、世間的には健全と思われている目的にも頻用されている。たとえば、スポーツチームやクラブに所属することも、ある種のトンネルに入ることだ。難関校を目指して、受験のための進学クラスに入ったり、優秀な子どもたちを集めた塾に通うことにも、トンネルの要素がある。

そこは、閉ざされた小さな世界となり得るし、そこの価値観やルールが絶対的なものとして、その子を支配する。ある種の〝視野狭窄〟を生み出し、それだけを成し遂げることに夢中になって突き進ませる。

こうした〝良い〟目的のトンネルであっても、トンネルである以上、さまざまな副作用や危険を生じ得る。その目的だけがあまりにも優先され過ぎて、他のことが見えなくなり、おろそかにされることもある。目的が達成できないと、絶望して自殺しようとしたり、すべてがダメのように思い込んで、自暴自棄になることもある。

あまりにも長い時間トンネルの中で過ごすことによって、他の世界とのズレを生じ、それ以外の世界に適応できなくなる場合もある。目的に向かって頑張っていたときには夢中だったが、後から考えて、自分が望んだことではなかったと悟ったり、何のためにそんなことをさせられたのかと疑問に思ったりする。

実際、トンネルの中で過ごした時間は、人生経験としては単調で、情味に乏しく、空疎さを免れない。外の景色が見えないところで、もっとも感性の豊かな時期を過ごすのだから無理はない。反動が生じて、トンネルの中で過ごしたのと同じくらいかもっと長い時間を、ぶらぶらしたり、目的もなく無為に過ごすことで、何かを取り戻そうとすることも多い。

「トンネル」は、教育や訓練の方法として、効率的で強力なものであるが、それはほかの多くのものを犠牲にするということを知っておくべきだろう。

子どもをトンネルに誘い込むことは、知らずしらずに、ある種のマインド・コントロールを施すことに等しい。狭すぎるトンネルに子どもを導いてしまうことは、その意味で危険である。受験エリートたちが、しばしばカルトなどの犠牲者となることは、皮肉と言えば皮肉である。トンネルで青春を過ごしたものは、外の光が眩し過ぎて、再びトンネルに逃げ場を見つけてしまうのだろうか。

こうしたワナに子どもを引き入れないためにも、トンネルの弊害に用心する必要がある。外部との接触や他の活動が十分保たれている必要があるし、選択肢を早くから一つに絞り過ぎないように、その子自身が試行錯誤し意思決定するための時間を十分に与える必要もある。道草し、回り道するようでも、結局はそれが一番近道ということが多いのだ。

象牙の塔もブラック企業も

ことは、子どもだけとは限らない。大学といった象牙の塔や企業をはじめとする縦社会の組織も、そこで認められたいと頑張れば頑張るほど、トンネルの様相を帯びてくる。

大学の医局なども、その最たるものだった。教授に認められ、その小さな世界で出世することが、比類のない成功のように錯覚してしまうのだ。ほかのすべてをおいて、その世界の掟を守り、教授の命に従い、教授と医局のために献身と犠牲を払うことが求められる。自分のことや家族の都合は無論のこと、患者の利益さえも、ときには後回しにされる。権威に従順で、ボスに認められたいという気持ちが強い人ほど、また、日本的な村社会のメンタリティを備えた人ほど、この医局という制度は呪縛力をもった。

悲しいかな、いまだに医局でどっぷり過ごした人たちが好む共通の話題は、医療の話でも、患者の話でもなく、人事の話だ。誰がどこのポストにいくらしいという話が一番盛り上がる。高名な先生が、そんな卑近な話に夢中になるので、驚かされることもある。それは、ちょうど、進学校に通う受験生が、模試の成績の判定に一喜一憂したり、だれがどこの大学に合格したかに目を光らせるのに似ている。いつのまにか、狭い価値観に縛られていることにさえ気づかないでいるのだ。それもまた、トンネルである。

社会問題にもなったブラック企業を生む要因として、有効求人倍率が一倍を下回り続けた長い就職氷河期や、それに悪乗りした企業倫理の問題が大きいことは言うまでもないが、もっとも犠牲となり、うつ病や過労死にまで至ったケースをみると、彼らが、従順すぎるほど、企業の中の価値観に従い、期待に応えようともがいていた状況が見えてくる。彼らもまた、トンネルに陥っていたのだ。カリスマ的な人物が率いる企業や組織でも、一つ間違うと、そうしたことが起きやすいのも、むべなるかなである。与えられた職責を果たし、上から認められるということに価値をおく人ほど、知らずしらずその組織を支配する空気に呑み込まれてしまうのだ。

一人の自爆テロリストの肖像

話を自爆テロに戻し、一つのケースについて、もう少し詳しくみていこう。

ジャーナリストのシャンカール・ヴェダンタムは、生き残ったある自爆テロリストの一人ローレンス・ジョン・レイトン（通称ラリー・レイトン）について書かれたさまざまな記録や資料、家族の証言、法廷などでの本人の証言などをもとに、『隠れた脳』という著作の中で、彼の実像に迫っている。

レイトンは、南米ガイアナのポート・カイツマ空港で、機内に銃を持ち込み、飛行機をハイジャックして、国会議員を含む乗客もろとも墜落させるという計画を目論んだが、ハイジャックに失敗、機内で銃を乱射して、国会議員を含む五人を殺害し治安当局に逮捕された。

なぜ、彼は、そのようなテロ行為に及んだのだろうか。実は、この飛行機には、「人民寺院」という教団を視察に訪れた下院議員や、この議員によって解放され、この教団を去って母国アメリカに帰ろうとしている元教徒の一団が乗っていた。レイトンは、彼らを皆殺しにしようとしたのだ。レイトンは、人民寺院の初期からの信者で、教祖のジム・ジョーンズからも特別に眼をかけられた存在だった。

だとしても、なぜそこまでしなければならないのかという説明にはならない。彼には美しい妻がいて、彼女は妊娠五か月の身重だった。しかも、レイトンは、その性格からしても、凶悪な犯行がもっとも似合わない人物だった。温厚で、優しく、知的な人柄だった。実際、彼は幼い頃から、暴力的な行為を嫌い、たとえ殴られても、自分からは決して殴り返さないような子どもだった。拳を握りしめて、ただ殴られるのに耐えていたという。素直で、人を疑うことを知らず、道徳を重んじ、弱者に対して思いやりをもっていた。大人しく、社交的な性格ではなかったが、そうした人柄から、バークレイ高校では、「若い民主党員の会」の会長に選出されたほどだった。将来は、国会議員になることを嘱望されていた。

ガールフレンドと遊ぶよりも、政治や社会のことに関心をもっていた。真面目で、社会のさまざまな問題や矛盾について真剣に考えずにはいられなかったのだ。

こうしたタイプは、まさに新左翼と呼ばれる政治セクトに呑み込まれ、内ゲバと地下活動に人生を散らしていった若者たちの特性とよく重なる。またオウム真理教などのカルト宗教に心を奪われ、人生を狂わせることになった若者たちの特性とも、基本的に通じる部分が大きい。

レイトンが衝撃を受けたのは、ケネディの暗殺だった。ヴェトナム戦争を終結させようとしたケネディが、暗殺という形で排除され、後釜に座ったジョンソン大統領は、戦争を継続する道を選ぶ。レイトンにとって、それは民主政治の敗北であり、レイトンは民主党にも政治にも失望を味わうのである。

レイトンは、ヴェトナム戦争に行くことを拒否したが、徴兵委員会はそれを認めず、レイトンは、妻で教師のキャロリンとともに、徴兵を逃れるためカリフォルニアに移る。

そこで出会ったのが、人民寺院を立ち上げていたジム・ジョーンズだった。ジョーンズの人民寺院は、ヴェトナム戦争に反対し、人種差別のない世界を目指して、公民権運動にも積極的にかかわっていた。ジョーンズの掲げる理想と、レイトン夫妻の価値観は非常に共通する部分があった。

しかも、ジョーンズは、天性の宗教的カリスマであった。彼はスピリッチュアルな能力をもち、人の心の奥底にあるものを見ぬいたり、見えないはずのものを見たりした。ジョーンズのもつ確信に満ちた態度や、常識を超えた力に興味を覚えたレイトン夫妻は、次第にジョーンズに引き寄せられていく。

ジョーンズには、手足となって彼の理想の実現を手伝ってくれる使徒が必要だった。ジョーンズは、レイトンを自分の運動へと誘い込んでいく。その殺し文句は、「きみは、人類のためになる特別なことを成し遂げることになる」というものだった。尊敬する存在から、自分が特別なことを成し遂げることになると語られることほど、説得力をもつ言葉はないだろう。

誰もが心の奥底には、自分が特別な存在であり、人類や社会に対して、普遍的な価値ある貢献をし、生きた意味を残したいという願望をもっている。理想主義的で純粋な人ほど、そうした願望が強い。ジョーンズの説得は、レイトンの潜在的な願望を的確についたものだったと言えるだろう。

レイトンは人民寺院に加わると、差別と闘い、社会をより良いものに変えていくために熱心に活動した。不当な差別を受けた者を支援し、切り捨てられた公的サービスを肩代わりし、また黒人に参政権が与えられるように、公民権運動を繰り広げた。レイトンは、仕事をして得た給与の大半を人民寺院に寄付し、自らは無報酬で日夜コミュニティのために働いた。

彼らの当時の行動は、ケネディやマルティン・ルーサー・キングや後のオバマの目指すものと何ら変わりなく、貧しく困っている人を救いたいという純粋な動機から出たものだった。

閉鎖的集団が陥る「全か無か」のワナ

ただ、人民寺院も、他のどんな教団とも同じく、決して理想郷ではなかった。そこに多くの人が集まって、一緒に生活し活動する以上、対立や軋轢は避けられなかったし、およそ理想に反するような揉め事も起きた。ジョーンズの説教は素晴らしかったが、現実はジョーンズの言うようにはならなかった。集団生活に疲れ、理想と現実のギャップに嫌気がさし、教団を離れる者が出ることもやむを得なかった。

ところが、純粋な理想主義者が抱えやすい一つの危うさは、潔癖になり過ぎて、全か無かの二分法的な思考に陥りやすいということである。二分法的思考においては、完全な善か、さもなくば完全な悪かという両極端な認知に陥ってしまう。自分たちと信条を同じくする者は、選ばれた善き者であるが、そうでないものは、すべて敵であり、悪だとみなされていく。教団を離れていく者は、敵に寝返った「裏切り者」であり、何よりも許せない存在となってしまう。

そうした集団の心理は、二つの方向に作用した。一つは、誰かが次の「裏切り者」になりはしないかと、周囲に対して眼を光らせ、相互監視をする心理状態が生まれることである。それが被害妄想の温床になる。隣組の中で「非国民」を見張りあった戦時中の日本でも、同じような心理状態が生まれていた。

もう一つの作用は、自分が「裏切り者」となることを強く禁圧する方向に働く。「裏切り者」となることは、もっともおぞましい憎むべき行為として教え込まれ、周囲に対してそういう目を向けてきた者は、ましてや自分がそうした行動をとることには、いかなる状況であろうと、強い抵抗を覚える。

人類史上初めての組織的な自爆攻撃は、神風特別攻撃隊に始まるが、最初の特攻作戦に際して、海軍中将大西瀧治郎は、今や日本を救う道は、体当たり作戦しかないと述べた。これが無謀な命令であることは、多くの者が承知していた。だが、「貴様たちは、突っ込んでくれるか！」と問われた最初の搭乗員たちの中に、拒否したものは一人もいなかった。

強い集団のプレッシャーのもとでは、「裏切り者」となることは、命を失うことよりも恐ろしいことなのだ。

誰も信じられなくなった教祖

ジム・ジョーンズは、多くのグルがたどる道を歩んだ。信者の尊敬と服従を際限なく求めたのだ。すべてを支配し、完全な服従を確かめないと、ジョーンズの猜疑心はやわらがなかった。服従を確かめるために試練が与えられた。その一つは、「カタルシス」と呼ばれる集団セッションだった。そのセッションでは、他のメンバーの悪行を告発しあうのだった。もしそれを否定したり反論しようものなら、周囲から吊し上げをくらった。レイトンのような幹部とて例外ではなかった。何時間も立たされたまま、非難を浴びせられるのだ。

こうすることで、信者間の結びつきはズタズタになった。ジョーンズとの結びつきだけが、侵さざるべきものとして残った。こうしてメンバー間で足の引っ張り合いをやらせることで、ジョーンズは自分の絶対的地位を守ろうとしたのだ。だが、それは結局、教団全体の瓦解へとつながっていく。

それに拍車をかけたのは、ジョーンズの性暴力だった。ジョーンズは、自分の支配力を見せつけるために、信仰心を試すという名目で、恋人や配偶者を寝取ったり、あるいは、直接本人をレイプするようになっていた。

そのうえ、そのことを「カタルシス」のセッションで持ち出し、他の信者たちの前で、ジョーンズに都合よく書き換えた事実を「告白」させるのだ。自分がジョーンズに惹かれ、彼を誘惑してしまったと。

ジム・ジョーンズ　若い頃はサルを売って生計を立てた（写真提供：AP／アフロ）

だが、そんなペテンや欺瞞についていけないものも出てくる。レイトンの妹デビーも、そうした一人だった。彼女は、兄の勧めで、早くから人民寺院に帰依し、幹部的な存在となっていたが、ジョーンズからレイプされる。そのときのジョーンズの言い訳が、「あなたが神聖な存在と結びつくべきだと感じたのだ」というものだった。

組織に綻びが見え始めると、主要なメンバーの中にそっぽを向くものが出てくる。人民寺院の末期にも、そうした崩壊の兆候が露わとなったが、その種は十分に蒔かれていたと言えるだろう。

結局、デビーは人民寺院を離れ、それがこの教団の瓦解の大きな発端となる。デビーがマスコミに、人民寺院がガイアナに建設したジョーンズタウンはユートピアなどではなく、「強制収容所」だ、と告発したのである。

ジョーンズの行ったまやかしが次々と暴かれていく。その一つは、彼の行った「治療」の内実を暴露するものだった。

ジョーンズは、多くのカリスマ同様、聴衆にもっとインパクトを与え、もっと驚かせてやろうという強い欲求をもっていた。自分のパフォーマンスの力に溺れ、それに満足せずに、もっとあり得ない魔法のような力をもつことを願望した。その結果、彼が行きついたのは、病気を信仰によって治療するというものだった。彼は患者の体に手を突っ込み、直接ガンを取り出した。それを目撃した者たちは、ジョーンズが、イエス・キリストの再来だと思った。

だが、この「治療」には、トリックがあった。ニワトリの肝を仕込んでおき、それを手品のように取り出していたのだ。そのことを知っていたのは、一部の側近だけだったが、ジョーンズがパフォーマンスに走り過ぎ、欺瞞行為を働いたことは、結局、彼の権威を損なっていくことになる。

オウム真理教の麻原彰晃が、空中浮遊というパフォーマンスによって世の関心を集めたものの、それが胡散臭さや疑惑に変わり、次第に社会的に孤立し、被害妄想にとらわれ、ついにはハルマゲドンに突き進むことになったように、注目や尊敬を得ようとして行うパフォーマンスや欺瞞行為が、結局は、教団として健全な活動を損なってしまうということは、形を変えて繰り返される。身の丈以上のことをしてみせようと一線を越えてしまったときに、破滅が始まるのだ。

ジョーンズの場合も、マスコミの監視や批判が強まる中で、いっそうナーバスになり、ついには妄想的になっていく。裏切り者を激しく非難し、それが外敵からの攻撃によるものであると受け止め、いっそう危機感を強めていく。それが最終的には、九百人もの人間を巻き込んだ集団自決という痛ましい結末へと暴走していく。デビーはその危険を警告したが、悲劇を防ぐことはできなかった。

マインド・コントロールが解けるとき

レイトンの自爆テロは、裏切り者や彼らをそそのかした外敵を道連れにすべく行われたものだった。それは単に報復というだけでなく、集団自決の延長でもあると言えるだろう。

レイトンを思い詰めさせることになった一つの要因は、そうした裏切り者の主要な一人が、彼自身の妹であったことである。さらに、彼の母親は末期ガンの状態で人民寺院にいた。彼がジョーンズに母を治してくれるように懇願すると、デビーが過ちを犯したため、それは不可能になったという答えが返ってきた。そして、ジョーンズから、教団の窮地は彼や妹のせいだと散々責められたのだ。レイトンは、深い罪悪感にとらわれていた。そのレイトンが、名誉挽回の最後のチャンスにと名乗り出たのが、自爆テロの任務だった。

しかし、ここで話は錯綜する。実際にテロを実行し、議員らを殺害したのは、レイトンではなく、別のグループだったともされる。だが、レイトンは自分がやったと主張し続けた。

レイトンのマインド・コントロールが解けたのは、長い収監生活の間であった。レイトンは、ジョーンズのことを「恐ろしい怪物」と語るようになった。

レイトンが収監を解かれ、社会復帰を許されたのは、事件から二十三年後のことである。多くの人の命とともに、長い時間が失われたのだ。

一方、悲劇が起きる前に、教団を離脱したデビーは、元来優秀な女性であったこともあり、民間企業に就職し、みごとに社会復帰を遂げている。

その後、インタビューの中で、デビーは興味深い発言をしている。彼女は企業で働く経済エリートたちも、彼女のかつての同志だった教団員たちも、それほど違っていないことに気づいたという。

デビーはこう語っている。「貧者の面倒を見ることも、株式公開して一〇〇万ドルを手に入れることも、最終的な目的は同じなのです。自分の苦しみは何らかの形で報われるはずだと思う。そうして人は広い視野を失ってしまうのです」と。（渡会圭子訳『隠れた脳』より）それもまた、それぞれのトンネルなのだろうか。

第二章　マインド・コントロールは、なぜ可能なのか

霊感商法にみるマインド・コントロール

七〇年代から八〇年代にかけて、日本でもアメリカでも、奇妙な出来事が頻発した。真面目な学生が、急に学校から姿を消し、あるいは消息を絶って、家族にも連絡が取れなくなった。そのうち大学を中退していることがわかり、街頭で物売りをしたり、大学のキャンパスで他の学生に気安く声をかけたりするという姿が見られたりした。

大手の銀行に勤めていた若いＯＬが、突然勤めを辞めたかと思うと、物売りをしているのが目撃されたりもした。彼らは、自分が持っていた貯金や車といった財産をすべて宗教団体に寄付したうえ、教団の寮で共同生活をしていた。家族がいくら連れ戻そうとしても、頑なに拒否し、家族に会うことさえ拒んだ。

その活動の実態は、その後いわゆる「霊感商法」と呼ばれる販売活動で社会問題となってい

く。

霊感商法というと壺の販売だが、高麗大理石壺や高麗人参茶、印章を販売する会社が設立されたのは、昭和四十六年（一九七一年）のことだった。この会社は、全国を三つのエリアに分け、販売員が全国を隈なく歩き、訪問販売を中心に売り上げを伸ばした。

多くの人が、そうした売り込みを受けた経験があるはずだ。商品は、いずれも何十万円と高額であったが、アプローチの仕方や心理的駆け引きが非常に巧みで、思わず買ってしまうというケースも少なくなかった。販売員には若い女性が多かったことも、訪問を受けた側の警戒心を緩めた。もちろん、女性販売員は、信者として無給同然で販売にいそしんだのである。

いわゆる「霊感商法」の手法が本格的に採り入れられたのは、昭和五十三年（一九七八年）頃からとされる。先祖の霊が苦しんでいるなどと不安を掻き立て、それを鎮めることができると称して印鑑や壺、多宝塔などを、売りつけた。

昭和五十八年には、青森県弘前市の女性に、水子となった子どもの霊や病気で亡くなった夫の霊が、成仏できないまま苦しんでいて、このままでは娘までが不幸になるなどと脅して、一二〇〇万円を支払わせたという事件があり、恐喝罪に問われ有罪判決を受けている。

いくつかの裁判を通して明らかとなった活動の状況を判決文に従って見ていきたい。

高額なものを買わせる手法

たとえば、印章を販売勧誘する方法の場合、一定のマニュアルがあり、そのマニュアルに沿って話を進めると、勧誘を受けた側は、お願いしてでも買いたくなるというように心理誘導されるものとなっていた。

その手順は、非常に興味深いものなので、判決文からそのまま引用しよう。

①「印相協会」を名乗って戸別訪問をし、手相を見せてもらう
②手相を褒めた上で問題を指摘し、名前が悪いのかも知れないと話して姓名判断を行う
③相手方だけでなく家族の姓名判断も行い、相手方の家庭における最大の問題を探し出す
④問題点を指摘し、開運方法として印章の話題を持ち出し、相手方が使っている印章を見せてもらう
⑤印相鑑定を行い、印相が悪いと指摘する
⑥霊界の話題を出し、先祖供養の必要性を説いて印章を新しく作るよう勧める
⑦3、4、7、12、21、40といった数字に意味があるといった話をしながら、高額な値段から提示し、印章の購入に持ち込む

という流れである。

最初のアプローチで行う、手相を見せてもらうという行為は、スキンシップを伴い、相手に対する愛着や信頼が芽生えやすく、しかも、手相という形で刻まれた自分の内面や性格や運命といったものを、相手に委ねることにより、相手に主導権を与えることになる。

つまり、この勧誘方法では、相手に手相見や姓名判断を許した段階で、ほぼ勝負がついているということだ。手相や名前を見てもらうという行動の裏には、その人が何らかの悩みや満たされない願望、コンプレックスを抱えて、それをもてあましているという心理的状況がうかがわれる。しかも、それを会ったばかりの見ず知らずの相手の鑑定に委ねるということは、藁にもすがりたい思いがあるということにほかならない。

つまり、勧誘する側にとっても、手相や名前を見てもらうことに応じるか応じないかで、相手が落とせる相手か、そうでない相手かを、見分けられるということになり、実に効率的に、「良客」を見つけ出す方法だと言える。

パーソナリティの傾向からすると、初対面の相手に、手相や名前を見てもらうという人では、警戒心があまりなく、相手の求めに応じやすい依存性の傾向が高い人だと言うことができる。そうした傾向をもった人は、もっとも騙しやすいタイプであるうえに、手相や名前に刻まれた「秘密」を相手に握られることで、相手に対する依存が生じてしまう。

後の章で詳しく見ていくが、依存性パーソナリティの人は、自分で自分の人生を決断し、切り開いていくのではなく、誰かが何か良い方法を教えてくれるのではないかと期待し、人生のことも人任せであるため、相手の「助言」に素直に耳を傾け、簡単に誘導されてしまう。

もっと警戒心が強く、自我が安定し、自分と他人の境界がしっかりしている人であれば、自分の手相や名前といった個人情報を相手に教えて、しかも、それを「鑑定」してもらうということに抵抗を感じるであろう。ましてや会ったばかりの見ず知らずの人に、人生の問題や悩みを打ち明ける気にはなれないだろう。

だが、勧誘する側からすれば、手相をみることを断られたら、さっさと退散して、もっと落としやすい客のところに行くだけのことで、その後の手間が省けることになる。

勧誘や営業の場合、もっとも効率が悪いパターンは、買いそうで、結局買わない客に時間を取られてしまうことである。買わないのなら、最初から断ってくれた方がありがたいわけだ。その意味でも、このアプローチの仕方は、実に巧妙なものだと言えるだろう。

騙しやすい相手をいかに効率よく見つけ出すかということが、マインド・コントロールにしても、商品の勧誘においても、相手の意思決定を支配するためには、極めて重要なことになる。

後のことになるが、こうした勧誘方法に対する世間の監視が厳しくなったとき、代わって行われたのが、マイクロ活動と呼ばれる販売活動だった。それは、マイクロバスに乗った信者たちを地方の町や村に送り込み、物品販売活動をさせるものだったが、そこで狙われたのは、都市部の住人よりも、警戒心をもたない地方の住人、ことに人のいい高齢者であった。

救いを求める気持ちにつけこむ

霊感商法で使われた方法が、あれほどまでに多くの人をコロリと騙し、高額のお金を支払わせる心理状態に誘導することができたという事実から、いくつかのマインド・コントロールの原理を見出すことができる。そのうちの重要な一つは、秘密や悩み、過去を知られることが、マインド・コントロールにつながるということだ。

悩みを打ち明け、それを相手が知ることは、その人にとっての、もっとも弱点の部分が知られることになる。通常は打ち明けられないことを打ち明けることによって、そこには、もう特別な関係が成立する。打ち明けるのは、助けてほしいという無意識の心理が働いているからである。助けを求めるということは、相手を救い手という有意な立場に立たせるということにほかならない。

しかも、相手は解決方法を知っていると思わせることで、救いを求める漠然とした思いは、この人なら救ってくれるという強い期待へと高まる。

霊感商法に対する世間の監視が強まる中で、昭和六十二年には、壺や多宝塔の販売は中止に追い込まれた。教団の運営資金を得るために、代わって行われるようになったのが、宝石や着物、絵画などの物販展と、講演会や健康フェアを開いて、高麗人参茶や健康器具などを販売する手法であった。

物販展のやり方も、広告で集めた不特定多数の客に展示販売するという通常の手法とは異なっていた。物販展は、信者が友人や親族を動員するという形で行われたが、あらかじめ客の好みやニーズから性格までを把握し、それらの情報を販売する者に伝えて、綿密な連携がとられた。

客の関心が高い商品を、客のタイプに合わせた方法で勧めることができたので、効率的に売り上げを上げることができたのである。

しかも、客を連れてきた信者は、招待された客をエスコートして、相談役となった。自分も買ったと言って安心させ、客の迷いを取り去り、背中を押す役割を果したのである。また購入した翌日に、客は後悔や不安を生じやすいことから、客に電話をして、「母親のように」話をして、不安を取り去ることが指示されていたという。

駆使される技法

ここでも、本人の情報をあらかじめ手に入れた上で、急所をついた働きかけを行うということも、マインド・コントロールにおいて、重要な原理だと言えるだろう。

いわゆるイエス・セットと呼ばれる心理操作が知られている。相手がイエスと答えるように、こちらが質問をすることで、相手はいつのまにか、自分がとても理解されていると感じ、こちらの言いなりになりやすく、こちらの言うことに、何でもイエスと答えてしまうようになる。

つまり、相手がイエスと答える質問をすることが、成功のポイントということになる。相手がどういう好みや関心をもっているかを、あらかじめ知っていると、容易にイエスと答える質問をすることができ、このイエス・セットの技法を使うことができる。

また、中立的な善意の相談役となることで、意思決定に強い影響を及ぼすことができるという原理も駆使されている。

サクラを使って、客の買い気を煽ったり、迷いを取り去るという方法は、香具師などによって伝統的に用いられてきた手法でもある。自分だけだと不安だが、連れがいると安心し、また他の人が買うと、自分も遅れを取るまいとするという心理をついたものである。

また、勧める側の言葉には、半信半疑でも、中立的な立場の人の意見には、耳を傾けてしまうという死角をついた技法でもある。

カウンセリングなどでも、それが効力を発揮するためには、中立性が重視される。熱が入り過ぎて一つの立場に偏り、本人を説得しようとすると、かえって本人は抵抗したり、引いてしまう。善意の存在ではあるが、意思決定や利害に関しては、あくまで中立的な立場をとった方が、その言葉は説得力を持つのである。

チームワークで意思決定を導こうとする場合には、正論を説いて真っ向から本人を説得しようとする人だけでなく、中立的に本人の気持ちに寄り添い、本人の不安や迷いを受け止める役の人がいることで、むしろ意思決定がスムーズに行われる。

中立的な役割の人は、本人の迷う気持ちや正反対の気持ちも受け止めながら、そうすることで、本人とのより深い信頼関係を築き上げ、その上で、最終的には同じ方向に導いていく。

父親的役割と母親的役割の連携と言ってもいいだろう。ボスとメンター（相談役）という役割の使い分けとしても、この二つの組み合わせは、さまざまな場面で応用される。両者がバラバラに働きかけたのでは、かえって意思決定を妨げてしまうが、互いの意図を汲みながら、うまく連携することで、スムーズに意思決定を促すことができる。

一番騙されたのは

だが、霊感商法において不可解だったのは、多くの人が騙されて不当に高額の商品を買ったこと以上に、それを売った側の人たちもまた、それによってほとんど報酬を得ていなかったということである。

売り上げ金の一部は、手数料として本人に割り当てられたが、それらも結局献金したり、さまざまな名目で他の用途に用いられたので、実質的に彼らは無給で、過酷な仕事をしていたことになる。ノルマが達成できないと、深夜まで販売をしたり、断食を強いられることもあった。奴隷以下の待遇だと言えるだろう。ある意味、彼らは進んでその立場を受けいれたのである。

しかも、彼らの多くは、前途有望だった若者たちで、折角入った大学や一流企業の身分を投げ捨て、もっているすべての預金や車、バイクといったものまで寄付して自ら無一文となって、教団での活動に身を投じていた。彼らは共同で生活し、不十分な栄養と三、四時間の睡眠時間しか与えられず、教団のための活動にいそしんでいた。

これらの若者に共通することは、控えめで、性格善良で、真面目な若者が圧倒的に多かったということだ。そうした彼らが、なぜ年寄りや善良な市民を騙して高額なお金を出させることに、罪の意識も感じなかったのだろうか。

それは、もともと暴力を嫌う、優しい性格の若者が、なぜ自爆テロリストとなって、多くの人の命を奪うことさえ躊躇《ためら》わない人間に変容してしまうのかということと、共通する部分が大きいように思える。

後で見ていくように、そこにもまた、そうした人々を作り出す「トンネル」がかかわっているのである。自分の意志でその道を選択したと思いながらも、いつのまにかマインド・コントロールを受けているのである。一番騙された人は、自分が騙されたことにさえ気づかない。その意味で、一番騙された人は、教団の手先になって寝る間も惜しんで活動した人々かもしれない。

マインド・コントロールの本質は騙すこと

マインド・コントロール（心理的操作）とは、人の思考や感情に影響を及ぼすことにより、思い通りに行動を支配することだ。そこには、コントロールする側とされる側が必ずおり、両者の間には、対等とは言えない関係が存在するのが重要な特徴である。操作される側は、操作する側を絶対的に信頼しており、操作する側は、その信頼感を利用して、経済的、身体的、心理的、性的搾取を行うのである。逆に言えば、操作する側は、操作される側の払った犠牲によって利益を得ている。

この対等でない関係が、マインド・コントロールが解けた時、多くの人が、自分は「騙された」「欺かれていた」と感じるゆえんでもある。コントロールを受けていた人は、自分が抱いていた信頼関係を、悪用されたと感じるのだ。そして、そのことは、騙すという行為の本質でもある。つまり、マインド・コントロールは、もっとも本質的な意味で「騙す」「欺く」ということに等価なのである。

騙すとは、高等な動物にだけ見られる行動である。ことに、その能力はヒトで特異的に発達している。マキャベリー的知性仮説によれば、人類の知能の進化をもたらしたのは、社会的知能の発達であり、その本質は、騙すことだとされる。騙すとは、振りをすることで相手の判断を誤らせ、利益を搾取することである。

こうした騙す行為の代表は、相手をワナにかけることである。怪我をしたふりをして、相手が油断して近寄ってきたところで、隠し持っていた刃物で襲いかかるといった方法は、こうした一例だ。

もっと原始的なものは、餌で釣ったり、威嚇したりして、獲物を落とし穴に誘導するといった方法である。肉食獣が狩りを行う際にも、こうした方法を用いることが知られている。

相手の行動を読んだ上で、見せかけの誘導により、相手を致命的な状況に追い込んでいく。これも心理的な操作の一つだと言えるだろう。

相手が思惑通りに動けば、ワナは成功だ。だが、相手をワナにかける騙し方は、リスクを伴う。なぜなら、騙された方は、早晩そのことに気づくことになり、騙した相手に対して怒りや攻撃を向けるからだ。一つ間違うと、反撃やしっぺ返しを食らい、逆にこちらが窮地に陥る危険もある。

人類の知能は、さらに高度な「騙す」方法を進化させた。騙したと気づかれずに相手を騙す方法である。マインド・コントロールとは、まさにそうした方法のことである。

この方法ならば、騙す側は、むしろ「味方」や「善意の第三者」に収まることができる。騙された人は、騙されたとは思わず、むしろ良いことを教えてくれたとか、助けてもらったとか、目を開かされたと感じ、感謝や尊敬を捧げる。

人類の知能の本質が「騙す」能力にあるとすると、この世界でもっとも成功し、支配力をもつ存在は、「騙す」ということにおいて、もっとも成功を収めた存在だということになるだろう。「騙された」とは思わず、喜んで現金や体や命さえも差し出し、そのことに喜びを覚える。

しかし、経済的、身体的、心理的、性的な搾取を受けながら、それを搾取とは思わず、むしろ喜びや希望だと思うのは、なぜなのだろうか。また、搾取する側は、そうした対等でない関係において、なぜ支配者として君臨することができるのだろうか。

なぜ騙されてしまうのか

そのことを考える前に、まず、なぜ騙されたとは気づかれずに、相手を騙すということ、つまりマインド・コントロールすることが可能なのかを知る必要がある。

そこには、社会的動物に特有の特性が関係している。その特性とは、相手を信じるということである。信じるというと、高尚な響きがあるが、犬も主人を信じるという意味での信じるということである。難しい言葉を介さなくても成立する結びつきであり、絆である。

その原初的なものは、親しみを抱くということに始まり、愛情や信頼へと発展していく。皮肉なことに、人間は、相手を信じる生き物であるがゆえに、マインド・コントロールが成立してしまうのである。

その意味で、人に対して親しみを感じることも、愛情や信頼をもつこともない人は、マインド・コントロールを受けにくいと言える。相手との信頼関係を必要とする人ほど、マインド・コントロールされやすい。

ただ、実際には、前者のように見えた人が、重度のマインド・コントロールを受けるということも起きる。実はそう振る舞っていただけで、心の奥底では人の愛情や信頼を求めていたということになるだろう。

社会的動物は、群れ（家族）で暮らすことを成り立たせるために、愛着という現象を基盤として、持続的な愛情や信頼関係を結ぶという特性を進化させてきた。ところが、同時に、人類は高い知能をもったがゆえに、信じるという特性さえも悪用することを覚えた。相手の自分に対する親しみや愛情を利用して、相手を信用させ、思い通りにコントロールする技を生み出したのだ。それゆえ、人を信じやすい人や人の関心や愛情に飢えている人は、マインド・コントロールを受けやすい。

社会的動物において、互いの信頼関係は、生存にかかわる重要な基盤である。つまり仲間同士が、相手を欺くということは、もっとも唾棄すべき裏切り行為とみなされてきた。仲間を騙したものは、集団全体から糾弾や排除を受け、いずれ生存が行き詰る運命にあった。信用できない人間だという烙印を押されることは、破滅を意味したのである。それゆえ、そこには強いブレーキがかかっていた。大部分の人は、仲間を裏切るくらいなら、仲間のために犠牲になることを選んだのだ。

しかし、誰に対しても愛着や信頼関係をもたず、利害損得だけで動くタイプの人が、突然変異的に現れた。彼らは、多くの場合、社会から孤立して、生き延びることができなかったが、中に大成功を博す者もいた。マキャベリーが述べたように、信義や人間味を装いながら、実は冷酷に計算し、自分の利益のためなら信頼関係を犠牲にすることに何の躊躇も心の痛みも感じない人が、支配者としてもっとも成功したのである。

しかも、社会が巨大化し、匿名化すると、信用できない人間だという履歴も、容易に隠すことができるようになった。信義や人間味を装ってしまえば、過去の犯罪歴や暗い経歴も知られることはなく、不特定多数の人に接近することができる。一昔前であれば、誰もが自分の過去の行状や評判を知り尽くしていて、まともに相手にしてもらえない人も、表面的なルックスやウソの事実や自信たっぷりの言葉によって、相手を信用させることができるのだ。

実際、破壊的カルトと呼べるような危険な宗教的、政治的組織の場合、その主宰者は、過去に犯罪歴をもつという場合が少なくない。その典型は、オウム真理教の麻原彰晃である。彼が松本智津夫と呼ばれていた頃、一度は二十一歳のときに傷害罪で、もう一度は二十七歳のときに薬事法違反で、二度の有罪判決を受け、罰金刑を科せられている。反社会的性向は、教祖となる前からすでに存在していたと言える。しかも、麻原は、視覚障害児の学校に通っていた頃から、全盲ではなく、片目の視力を有していたため、全盲の子どもが多い中で、「王様」のように君臨していた。他の生徒をいじめ、思うように操るということに、隠微な快感を見出していたのだ。

そうした麻原の過去の「履歴」を、子ども時代からつぶさに知っていたら、ヒマラヤで悟りを得たと称したところで、それをまともに信用する気にはならなかっただろう。しかし、麻原にとって都合がよいことに、匿名化した現代社会では、うさんくさい過去の履歴など帳消しにして、まるで未知の世界からこの世に降り立ったというように装うこともできてしまう。

それだけ、現代社会は、騙しやすく、騙されやすい構造をもっていると言えるだろう。

とはいえ、誰もがマインド・コントロールによって他人を思い通りにしようとすることに快感を覚えたり、そこから利益を得ようとするわけではない。また、逆に誰もがマインド・コントロールに引っかかってしまうわけでもない。

マインド・コントロールへと走るのはどういう人間なのか、また、どういう人が、それに引っかかってしまい、被害を受けやすいのか。まずマインド・コントロールする側の特性からみていこう。

マインド・コントロールする側の特性

マインド・コントロールにもさまざまな形態や段階がある。いわゆるマインド・コントロールとして知られている典型的なものは、独裁者やカルトの指導者が、配下やメンバーに及ぼす心理的支配であったり、情報機関が洗脳したエージェントを操る場合であるが、もっと身近な段階のものまで範囲を広げると、悪質な勧誘や詐欺まがいの営業活動から、横暴で自己中心的な上司や暴力的な夫が、部下や妻を思い通りに支配したり、親が子どもを過度に支配すること、さらには悪口や仲間外れによって、心理的に相手を追い詰めるイジメも、そこに含められるだろう。

独裁者やカルトの狂信的な指導者から、独善的な上司や配偶者、親、イジメに走る子どもに至るまで、そこには本質的な共通項がある。

その第一は、閉鎖的集団の中で、優位な立場にいることだ。その優位性は、相手の安全感を左右できるという点にもっとも関わっており、「生殺与奪の権利をもつ」とも言える。市民に対する独裁者も、子どもに対する親も、その気になれば、支配する者の生命や安全を脅かし得るという点で、よく似た立場にある。その立場を乱用した瞬間に、一方では「虐殺」が起き、一方では「虐待」や「イジメ」が起きる。

むしろそうはならないケースも多く存在するとすれば、そうした弊害を抑止する別の力が働いているからだ。それは、弱い立場の者に対する、思いやりや愛情であり、倫理的責任である。それは、本来的な意味で絆と呼ばれるものの力である。

そこから、マインド・コントロールを行う側に共通する第二の問題が浮上する。弱者に対する思いやりや倫理感の欠如である。弱っている相手や騙しやすい相手を前にしたとき、それを保護しなければという人間としての感覚が乏しいのだ。むしろ、目の前に差し出された支配の快楽や欲望に溺れてしまう。

そこに第三の問題を指摘することができる。マインド・コントロールを行う者にとって、支配することが快楽になっているということだ。「支配は中毒になる」と、よく言われるが、それは言い換えると、支配には病みつきになる快感が伴うということだ。その快楽の誘惑に負けてしまう人間が、操ることのできる相手を思いのままにすることにのめり込んでしまう。それが、マインド・コントロールであり、ハラスメントであり、虐待であり、イジメなのである。それは力の快感への耽溺であり暴走なのである。

悪しきマインド・コントロールに走る者は、他者を支配する快楽が強烈なのに比して、それを思いとどまる共感や思いやりを稀薄にしかもたないと言える。

そうした特性は、精神医学的には、一つの人格構造の特徴に一致する。それは自己愛性である。自己愛性人格構造は、肥大した自己愛や幼い万能感と、他者への共感性の乏しさや搾取的態度を特徴とするものだ。

他者を心理的に支配、操作しようとする者には、独裁者であれ、破壊的カルトのグルであれ、DV夫やパワハラ上司であれ、支配的な親や、同級生をイジメることに愉楽を見出す小中学生であれ、基本的に同じ自己愛的な人格構造が認められる。独裁者や宗教的グルの奇矯さや児戯性は、幼く未熟な自己愛性に由来し、それは威張ったり、強がったり、平気で弱い者いじめをする幼さと共通のものなのである。

宗教的グルの心理特性

マインド・コントロールのマスターとも言うべき宗教的グルにおいて、その特性をさらに掘り下げてみよう。イギリスの精神分析学者アンソニー・ストーや、アメリカの精神医学者で、中国における洗脳を扱った『思想改造の心理』、オウム事件を詳細に分析した『終末と救済の幻想』などの著書でしられるロバート・J・リフトンが、グルの特性として挙げている点を要約すると、次のようになるだろう。

①グルは不安定な精神構造を抱え、妄想症や神経衰弱、自己断片化などに陥る瀬戸際にいる。

②グルは啓示を受け、「真理」を悟ったという確信を抱いている。その啓示は、三十代か四十代の苦悩や病気の時期に続いてやってくることが多い。

③グルは弟子や礼賛者を必要とする。脆弱な精神構造を抱えているために、自分を支えるために彼らの賞賛や尊敬を必要とするのだ。

④グルは、弟子に「不滅の感覚」を与える。それは、「死をものともしない感覚」であり、「自分の限られた時間を超えて、無限に続く存在の偉大な連続の一部であるという感覚」でもある。

⑤グルは弟子にとって、親よりも重要な存在であり、弟子は仕事も財産もすべてを擲《なげう》って、

グルとその偉大な目的のために尽くすことが求められる。

グルは、脆弱な精神構造に加えて、苦悩や病気の体験によって、極限まで追い詰められ、そこで啓示を得るという逆転を起こす。しかし、グルは真理を得た後も、自分一人の悟りによっては安定を得られず、弟子を獲得することによって初めて、自分の誇大な自己愛を支えることができる。弟子は、すべてを擲って、グルとその理想に奉仕することが求められるが、その代償に弟子はグルと行動を共にすることで、不滅の感覚を与えられる。不滅の感覚は、グルの誇大な自己愛が抱いた万能感に由来すると考えられる。

傲慢なまでの自信と揺るぎない確信がカリスマ性の源泉であることは、多くの人が指摘していることであるが、グルは奇矯なまでの万能感を膨張させることによって、自信のなさと不安を抱えた人々に、強烈な印象と救済者としての期待を呼び起こす。

一介の市民が、グルに生まれ変わる際に生じる心的メカニズムは、躁的防衛（自己愛的防衛）という概念によっても説明することができる。幼い精神構造を抱えたものは、思い通りにならない現実にぶつかったとき、落胆と絶望からわが身を守るために、誇大自己を膨らませ、万能感で武装し、他者を征服し、支配し、軽蔑することによって、自らの価値を守ろうとする。蔑まれ、辱めを受けた存在は、躁的防衛によって、自信のない男ではなく、神のような確信にみちた存在に生まれ変わろうとする。それによって、実際に人々から崇められる存在となる。得度に至る前の苦難の時期は、躁的防衛を生じさせるために必要な極限状態だと言える。

しかし、真理を手に入れた聖者だと言っても、グル自身、精神的な脆弱さを克服したわけではなく、ただ躁的防衛によって誤魔化しているだけである。したがって、万能感を傷つけられるような事態に出会うと、自己愛的な怒りにとらわれ、さらには被害妄想的になったり、神経衰弱や自己断片化を起こして、崩壊していく。

麻原が、衆議院選挙で惨敗を喫してから被害妄想が強まり、ハルマゲドンに走っていったように、また、人民寺院のジム・ジョーンズが、離脱した元教団幹部がジョーンズタウンは強制収容所だと内情を暴露し、マスコミや国会議員が動き出したことから危機感を募らせ、ついには集団自決によって九百人もの信徒を道連れにしたように、崩壊が始まると、一気に破滅的な暴走に至る。それは、社会に対する攻撃と自己破壊的願望が一体化しているという意味で、社会を巻き込んだ〝無理心中〟だと言えるだろう。

万能感の肥大した誇大自己を抱えた人は、自分が死ぬときには、世界を道連れにしたいという思いを抱きやすい。その人にとっては、自分が世界より重要なので、自分が滅んだのちも世界が存在するということが許せないのだ。

そうしたグルや教祖が営む教団は、共感や愛をその教義に謳っている場合でさえも、支配と主体性の剝奪が起きやすく、独善性に陥ってしまう。そこでは、自由な精神の発露も、真の創造性や自然な情愛も圧殺される。理想郷を目指したはずが、「強制収容所」が生み出されてしまう。それは嫌と言うほど歴史が繰り返した真実である。

これらの特徴は、宗教的グルに限らず、政治的なグルである独裁者の特徴ともぴたりと合致することに気づかれるだろう。

歪な自己愛が生み出す幻

結局、宗教的カリスマも政治的カリスマも、自らが聖者や神となる以外には救われないほどに、歪《いびつ》に膨らんだ自己愛を抱えた存在だと言える。矮小な自己愛しかもたないものにとって、見かけ倒しに過ぎないとしても、自信と確信に満ちて「真実」を語るものは、強烈なインパクトをもって迫ってくる。

そして、自分もまた特別でありたいと願いながら、しかし、何の確信も自信ももてない存在にとって、「真実」を手に入れたと語る存在に追従し、その弟子となることは、自分もまた特別な出来事に立ち会う特別な存在だという錯覚を生む。

その錯覚のまやかし性は、グルが特別な存在だと信じることによって、自分も特別な存在だと証明されるという構造によって支えられている。グルが、聖者などではなく、聖者のふりをしたペテン師だということになってしまうことは、グルが特別でなくなるだけでなく、自分もまた、ペテンにかかったただの愚か者だということになって、何ら特別ではなくなってしまうことを意味する。

つまり自分が特別な存在でありたいという願望が、グルを信じ続けるしかないという状況に、その人を追いこんでいく。それを疑うことは、自分が生きてきた人生の意味を否定するようなものだからだ。

カルトに陥った人やマインド・コントロールの被害に遭った人は、さまざまな理不尽さや矛盾を味わう。しかし、それを見て見ぬふりをする。理不尽さや矛盾と向き合い、グルが特別な聖者だという前提を疑ったり、霊的能力をもつと信じる占い師が、手の込んだ詐欺師だと気づいてしまうことは、自分自身の存在の支えを危うくすることだからだ。都合の良い事実だけを見て、グルや占い師を盲信し続けるしかない状況に陥っている。

そうした構造は、妄想性の精神疾患でも、しばしばみられる。何年にもわたって、自分が特別な存在だという妄想とともに生きてきた人は、薬物療法によって妄想が、妄想だとわかったとき、危機を迎える。それは、長年自分を支えてきた世界の崩壊に等しい。もう何も頼りにするものも、自分を支えてくれるものもない。ただ、自分が何年も妄想にとらわれて人生を無駄にしたという事実しか残らない。それはあまりにも残酷な現実と向き合うことだ。妄想がとれたとき、自殺してしまう人もいるのは、そうした理由からだ。

それと同じように、自分が信じたグルが、偽物だということを受けいれることの困難さは、カルトや反社会的集団からの離脱を難しくする要因にもなっているし、そこから脱した後、一時的な危機がやってくる原因でもある。

宗教的なグルに限らず、肥大した自己愛をもつ他者にすがって生きようとするものは、みんな同じ目に遭う。DV男性や反社会的男性の愛情にすがった女性は、暴力をふるわれ、搾取を受け、第三者から見れば愛情とは正反対なものしか与えられていない。にもかかわらず、彼女たちは、男がセックスの最中に囁いた愛の言葉の方を信じようとする。なぜなら、その男の支えがなくては、自分は生きられないと思い込んでいるからであり、どんなひどい目に遭っても、その男が悪い人だと思うことは、自分の心の拠り所を失うことを意味するからだ。

誇大な自己愛を育てた境遇とは

麻原は高校時代、将来自分は総理大臣になるという夢を語り、田中角栄の伝記を熱心に読んでいたという。また、東大法学部か医学部かに入りたいという願望をもち、実際、挑戦しようとしたこともあった。東大法学部か医学部にこだわったのは、特に法律や医学を学びたかったというよりも、そこが、もっとも難関とされ、彼の誇大自己を、最高にくすぐったためである。

その計画は結局挫折したが。

彼が後にエリートの医師や科学者を、積極的に勧誘し、重用したのは、彼の学歴に対するコンプレックスがかかわっていたのだろう。誇大な願望が、現実の挫折を経てたどり着いたのが、聖者になるという宗教的野心であった。彼の誇大な自己愛を満足させるには、並みの人間にはできないことを成し遂げる必要があった。

では、なぜそうした自己愛性人格構造が、彼の中に育つことになったのだろうか。リフトンは、「盲人の国では片目が見えれば王様」というエラスムスの警句を引用し、それがまさに麻原の児童期の本質を示しているという。

麻原は、先天性緑内障のため片方の目は見えなかったが、もう片方の目は、わずかに視力があった。無理をすれば、普通学校に進むことも不可能ではなかった。しかし、きょうだいが九人もいて、生活に余裕がなく、盲学校だと支援が受けられたことから、両親は、彼を全盲の兄が通っていた盲学校に入れ、結局、そこで二十歳までを過ごすことになる。

だが、視力がわずかながらあり、体も大きかったことから、他の生徒に対して圧倒的に有利な立場に立つことになった。彼は、先にも述べたように、目の見えない他の生徒を見下し、思いのままに操ったり、逆らうと暴力をふるったりした。そうした境遇で、彼は特権的な優越感を味わい、弱い立場の者を支配することの快感に馴染んだのである。

ただ、同じ境遇にあっても、自分より不自由な立場の者を思いやり、弱い者の味方になって、守ろうとする人もいたはずだ。しかし、麻原は、そうはせず、積極的に優越感を楽しみ、支配することに歪な歓びを見出した。その違いには、彼の内面的な状況が映し出されていただろう。

一般にイジメをする子どもは、愛情不足を抱えていたり、他の誰かから虐げられているケースが圧倒的に多い。親から支配され、勉強などを無理強いされていたり、上のきょうだいや先輩からいじめられているという中で、自分がイジメの加害者になるということが、もっとも典型的なパターンなのである。

また、イジメの加害者になる子は、親との愛着が稀薄で、誰に対しても信頼や親しみを感じない回避型の愛着をもつケースに多いことも知られている。

麻原の場合、九人きょうだいの七番目で四男と、特別扱いはおよそ期待できない境遇だった上に、盲学校に入れられたことに対しても、彼は恨みを抱いていた。そうしたこともあって、教師に反抗したり、同級生をいじめたりすることで、鬱憤を晴らしていた状況が浮かび上がる。

いずれにしろ、彼にとって盲学校に進んだことに対する不満と、そこでの優越的地位という乖離が、誇大な自己愛と劣等感のアンバランスを拡大させていったと思われる。

共感性の乏しさと支配する快感

破壊的カルトのグルに限らず、権力を乱用するリーダーも、腕力や恐怖で妻を支配しようとするDV夫も、同級生に心理的苦痛を与えることで、支配の快楽を味わう中学生も、そこには共感性の乏しさという共通する問題がある。共感性をもち、相手の立場になってその痛みを感じるならば、自分の支配の快感のために相手を傷つけようとはしない。しかし、共感性が欠落していると、支配する快感を押しとどめるものは、罰の恐れだけになってしまう。

松本智津夫少年もやっていたように、自分が直接手を下さず、言いなりになる他の生徒を使ってイジメを行えば、尻尾もつかまれにくいし、余計に罪悪感もない。直接的な暴力よりも、マインド・コントロールによる支配の方が、リスクが少なく、支配の快感はいっそう大きい。そのことに味をしめると、それは病み付きになっていく。「支配は中毒する」の言葉通り、マインド・コントロールは、中毒的な快感をもつのである。

このように、マインド・コントロールは、虐待やイジメ、ハラスメントと共通する源をもっている。共感性が欠如し、他者との温もりのある絆をもたないものが他者と生活を共にするとき、支配か利用かというあり方になりがちである。なぜなら、共感的な絆をもたない人にとって、一人の人間も、冷蔵庫やベッドとさして変わらない存在だからだ。思い通りに操作して、利用する以外に何があるだろう。

第三章　なぜ、あなたは騙されやすいのか

マインド・コントロールされた状態とは

マインド・コントロールする側の特性の本質が、肥大した自己愛と共感性の欠如という自己愛性人格構造にあることを見てきたが、では、マインド・コントロールされる側はどうであろうか。

マインド・コントロールされた状態にある人の最大の特徴は、依存性である。カルトにはまった場合も、反社会的な仲間や男性にコントロールされている場合も、イジメや虐待や、ときには過保護な親によって支配されている場合も、そこで起きている状態は共通している。彼らは、自分で主体的に考え、判断し、行動するという力を大幅に低下させてしまっているということだ。些細なことをするのにも、自分を支配している人間の意向や顔色をうかがい、その意のままになる。

カルト的なクローズドの集団は、個人の自由な精神活動や主体的行動というものを、もっとも恐れ、それに制限や掣肘《せいちゅう》を加えようとする。会社や研究機関、学校といった組織においてさえ、それが閉鎖的な硬直化に陥っていればいるほど、同じ傾向がみられる。カルトでは、通常各メンバーの相談相手となる先輩信者がいて、その人に何から何まで打ち明け、判断を仰ぐということが多い。その人が些細なことにも一々指示を与え、本人が自分で判断し、行動することを防いでいる。

主体的に考えることを許さず、絶対的な受動状態を作り出すことが、マインド・コントロールの基本なのである。

カルトにはまり込んだわけでもないのに、自分で判断し、行動することができないとしたら、それは、カルトではないにしても、誰かにマインド・コントロールされながら生きている、あるいは、生きてきたということだ。

逆に言えば、どういう人生を過ごし、どういう人格を作り上げてきたかは、その人が、マインド・コントロールを受けやすいかどうかを左右する。

誰でもが、マインド・コントロールにかかるわけではない。極めて過酷な状況で洗脳を受けても、それを跳ね返してしまう人も稀ながら存在する。

マインド・コントロールの受けやすさは、その人のパーソナリティの特性、情動コントロールや意思決定にかかわる脳の機能、現在および過去に受けてきたストレス、心理的な支えといった要因によって左右される。

その人自身の特性も重要だが、どれくらいのストレスを感じているかや、周囲から支えられているかといったことも重要な要因である。主な要因について、一つ一つみていこう。

マインド・コントロールされやすい要因

①依存的なパーソナリティ

本人の要因として、重要なのは、パーソナリティの特性である。中でも、マインド・コントロールをもっとも受けやすいのは、依存性パーソナリティとして知られるタイプである。

依存性パーソナリティとは、主体性の乏しさと過度な周囲への気遣いを特徴とするパーソナリティのタイプである。相手に嫌われたり、ぶつかったりすることを避けようとするあまり、相手にノーということができず、相手に合わせてしまう。日本人に多いタイプである。優柔不断で、相手任せになりやすい。

オウム真理教から生還した元信者が、オウムの信徒たちにみられる一つの特徴として指摘していたのも、「優柔不断さと依存心」だった。

ある意味、協調性が高く、相手を尊重しているとも言えるのだが、自分にとって明らかに不利益なことや、自分の意志に反することでも受け入れてしまうという点が特徴である。初対面のセールスマンの売り込みを断れずに、高額な商品を買ってしまったり、特に好意を持っているわけではないのに、強引に誘ってこられると、ずるずると肉体関係に応じてしまったりということは、このタイプによくみられる。

自分も経済的に余裕がないのに、金を貸してほしいと泣きつかれると、無理をしてでも融通したり、保証人になったりして、後で大きな損害を被る場合もある。

それだけの犠牲を払う値打ちもない相手に対して、言いなりになって尽くすという傾向もみられる。実際には、その人を都合よく利用したり搾取しているだけの相手のために、なけなしのものを差し出すのである。ＤＶをしてくる相手や経済的に寄生しているだけの相手に、しがみつき貢いでしまう。

こうした行動の背景には、他人の支えがなければ自分は生きていけないという思い込みがある。特に、一旦依存すると、その相手なしではムリという思い込みに陥りやすい。自己評価が低く、実際には高い能力や魅力を備えていても、自分だけではやっていけないと思い込んでいる。強い意思をもった存在に頼らないと、安心できないのである。

また重要な決定を自分で下すことができず、頼っている人に委ねてしまうのも大きな特徴だ。

困ったことが起きると、すぐに相談に駆けこみ、その人の判断を仰いで、言われるままに行動する。意思決定を相手に任せ始めると、些細なことまで自分で決められなくなり、すべてをその人に頼ってしまうという場合もある。

こうした特徴のため、このタイプの人は、強い意思をもった存在に支配されやすい。と言うよりも、自ら進んで、自分を強力に支配してくれる存在を求めようとする。

根底には強い愛着不安がある

こうしたパーソナリティが育まれる背景には、幼い頃から、自分を過度に抑え、重要な他者の顔色ばかりを気にしながら生きてきたという状況が見られやすい。横暴で支配的な親の、気まぐれで予測のつかない行動に振り回されてきたという場合だけでなく、親が良かれと思ってやっていても、過保護過干渉になり、本人の主体性が慢性的に侵害されると、同じ結果になってしまう。

幼い子どもは、親にしがみつき、親に愛されようとすることでしか、生きていくことができない。いつ親の機嫌が変わって、攻撃されたり、突き放されたりするかわからないという中で育つことは、余計に親に見捨てられまいとする傾向を強めてしまう。親の意向がいつも最優先であれば、子どもは自分で判断するよりも、親の顔色をうかがって、そこから判断するようになる。

親と子の心理的のみならず、生理的、生物学的結びつきを、愛着という。この愛着は、子どもが生まれてから、一歳半頃までにおおむね形づくられると考えられている。それ以降も、思春期頃までは傷を受けやすい。不安定な愛情環境で育つと、愛着も不安定になりやすいが、ことに親の愛情が気まぐれだったり、急に拒絶的になったりして安定性に欠けていたり、口うるさく否定的なことばかり言われたりすると、愛着不安（愛着において安心できない傾向）が高まりやすい。

それに対して、一貫して関わりや関心が乏しく、ネグレクトや放任の状態におかれているという場合には、子どもは親の反応を期待しなくなり、親とのかかわりを自分から求めなくなる。こうした状態は、愛着回避（愛着すること自体を避ける傾向）を強めることになりやすい。

ケースによって、愛情不足と虐待が重なった場合には、愛着不安も愛着回避も強まり、人との親密な関係を一方で避けながら、同時に、人の顔色を気にし、人に認められようと神経をすり減らすという状態を生む。

愛着は、最初、母親との関係の中で育まれていくが、それが鋳型となって、他の対人関係にも適用されていく。そのため、母親との間で成立した愛着パターンは、すべての対人関係の土台となる。

親との関係で安心できず、愛着不安が強いスタイルを身に着けると、他の人との関係でも同じような関わり方をしやすくなるのである。

依存性パーソナリティの人では、この愛着不安が強いのが大きな特徴である。

愛着不安が強い子どもは、すでに四、五歳頃から、親の顔色を見て、親の機嫌をとるようになったり、親を自分から支えようとしたりする傾向が認められることが多い。小学生以降、そうした傾向はより顕著になる。

まるで子どもの方が、親の保護者であるかのように、親を慰めたり、相談相手になったりすることもある。甲斐甲斐しく家事を行ったり、大人のようなアドバイスをしたりする。本来なら子どもの方が甘えなければならないのだが、その関係が逆転してしまう。相手に合わせ、相手の機嫌を損ねないように振る舞うという行動スタイルを、幼いうちから身に着けてしまうのである。

依存性パーソナリティを生みやすい境遇

こうした依存性パーソナリティを生みやすい境遇としては、いくつか典型的なパターンがある。

昔から代表的なものとして知られているのは、親がアルコール依存症で、酒を飲むと、家族にからんだり暴力をふるうため、子どもは親が酒を飲みだすと、ハラハラしながら顔色をうかがっているという環境で育った人だ。こうしたタイプの人は、アダルト・チルドレンとも呼ばれた。

似たケースで、近年増えているのは、母親にうつや不安定なパーソナリティ障害があり、いつ調子が悪くなって自傷や自殺企図をするかと、子どもの方がいつもびくびくしながら暮らしているという状況だ。そうした場合には、子どもの方が親の相談相手になり、親を何とかして安定させようと、気をもんでいるという状況も珍しくない。

一方、一見普通の家庭にも多いのは、自己愛的な母親に支配された子どものケースだ。一家は母親の意向を中心に動いており、母親の意向と少しでも違うことが起きると、母親は途端に怒りを爆発させたり、そっぽを向いたりする。なんとか母親を怒らせないように、子どもはいつも母親の機嫌を取り、母親の言いなりになる。

もう一つ増えているのは、過保護な環境で育った子どものケースだ。本来子どもがすべきことも、すべて母親が決めてやってしまったため、主体性が育たず、依存的な人格になる。過保護な環境は、しばしば母親の自己愛が、子どもに投影されていることが多く、子どもは母親の〝人形〟になってしまう。

オウムから脱出した元男性信徒は、自分の依存性の原因を、過保護に育てられたことに由来すると自己分析した。別の女性信徒は、「私は自我が弱かったので、自分を他者と同一視して、いつも他者の承認や愛情を求めていました」と述べている。

依存性パーソナリティの人では、基本的に受動的であり、依存している人の発する指示を敏感に察して行動するというパターンが染みついているため、マインド・コントロールを受けやすい。支配的な存在が善意の人で、その人の利益を守ってくれる存在ならば、まだ被害が少ないが、その場合でも、その人自身の人生を生きているとは言えない。ましてや、狡猾な意図をもった相手や本人の犠牲など当たり前としか思っていない相手にかかれば、食い物にされて、人生を無駄にしてしまう。

暴力をふるうパートナーにしがみつく心理

この依存性パーソナリティの特性を知ると、なぜ、そんな搾取を受けながら、自分を犠牲にしてまで教団や組織に尽くしているのかという疑問も、なぜ、ろくに働きもせず、酒を飲んでは暴力をふるう相手に、しがみついてしまうのかという、第三者から見れば割に合わない行動も、理解しやすくなるだろう。

愛着不安の強い依存性パーソナリティの人は、一旦そこに依存関係ができてしまうと、その存在なしでは自分は生きていけないと思い込んでしまうのである。ちょうど薬物依存の患者が、薬物なしでは生きていけないと思い、どんなに害が生じようと、薬物にしがみつこうとするのと同じように、百害あって一利ない相手であっても、しがみつくしかないと思っている。その人にとっては、他に選択肢などないのである。

十八歳になったばかりのS子が、倍以上も年の違うNから声をかけられたのは、家出して、当てもなく街を歩いているときのことだった。全然タイプではなかったし、いかにもヤクザっぽい感じの男だったが、優しい言葉で言い寄られると、寂しかったこともあって、まあいいかという気になった。

案の定、Nの背中には一面の刺青が入っていたが、一旦関係すると、恐ろしさよりも、自分を守ってくれる頼りになる存在という気がした。Nに望まれるままに、ずるずると関係し、気が付いたらS子の方も、Nから離れられなくなっていた。一緒に暮そうというNの言葉を一も二もなく受け入れ、心から幸せだと感じた。

だが、そんな日々は一月と続かなかった。Nは酒乱で、酒が入ると、普段は陽気な人格が別人のように陰険で狂暴になった。S子が友だちと会ったり、メールをしただけでも機嫌が悪くなり、ときには暴力をふるった。そして最後はいつも、レイプのようなセックスで終わるのだった。

S子を縛るクセに、N自身は、平気で他の女と浮気をした。そのことを追及しても、見え透いた嘘をつくだけだ。おまけに、S子が知らないうちに仕事を辞めていて、生活費も入らなくなった。そのことで、不満を言うと、殴る蹴るの暴行を受けた。

周囲は心配して、別れるように助言したが、S子は、Nには優しい所もあるからと、Nをかばい、「私がいないと、Nは余計ダメになってしまう」と言って、周囲の言葉にも耳を貸そうとしなかった。

そんな矢先、S子は妊娠した。Nも喜んで、真面目に働くと言ってくれたので、S子は、これでNは落ち着いてくれると期待した。だが、それは口先だけのことだった。S子のお腹が膨らみ始めると、逆にNの浮気はひどくなり、S子が文句を言うと、妊娠しているS子に暴力をふるうことさえあった。

そんなある日、警察から電話があった。Nが傷害で捕まったというのだ。結局、前科があったため、Nは二年の実刑判決を受け、S子は一人で子どもを生まねばならなかった。

あんな男は諦めろと周囲からさんざん言われても、S子は、首を縦に振らなかった。自分がきっとNを立ち直らせてみせると言い、Nを待ち続けるつもりのようだった。

ところが、半年後、S子は、勤め先のスナックで知り合った男性と懇ろな関係になると、子どもをNの母親のもとに預けたまま、姿をくらました。

愛着不安が強い依存性パーソナリティの人では、暴力をふるわれたり不当な扱いを受けても、愛着している対象が目の前にいる限りは、余程のことがない限り、その人にしがみつき続けようとする。

しかし、その人が目の前からいなくなり、会うことができない期間が続くと、あっけなく状況が変わってしまうことがある。愛着不安が強いだけに、誰かに頼らないと自分を支えられないため、手近な別の人に、すがりつくということが起きやすいのだ。

目の前にいたときには、別れることなど考えられないほど強い結びつきを感じていても、目の前からいなくなってしまうと、一人でいることに耐えられず、いともあっさりと、他に走ってしまうという場合もある。愛着不安が強いほど、そうしたことが起きやすい。

離れればなれの状態で、一年以上持ちこたえられるケースは、むしろ少ないと言えるだろう。ともに愛着不安が強いカップルの場合は、なおさら離れていると、ぎくしゃくしやすくなる。猜疑心が猜疑心を生み、相手はもう自分のことなど見捨ててしまったという思い込みにとらわれる。それなら、自分だけ待っているのはバカらしいということになる。やり取りが次第に辛辣になって、自然に関係が崩壊するのが、むしろ普通である。

依存性パーソナリティの人に加えられたマインド・コントロールを解く上でも、この事実は重要である。離れて顔を見られない状態になると、依存関係は、次第に崩れていく。新たな依存対象を、身近なところで見つけないと、自分を支え切れなくなるからだ。新たな依存対象の位置に、救い手が入り込むことで、マインド・コントロールは解けていく。

②高い被暗示性

依存性パーソナリティとともに、マインド・コントロールを受けやすい特性としては、被暗示性の高さが重要である。被暗示性とは、暗示にかかりやすい傾向のことである。

被暗示性が高い状態は、いわば、入ってくる情報に対して信じていいか、信じるべきでないかを批判的に判断する能力が低下した状態だと言える。言い換えれば、すべての情報を無批判に信じてしまいやすい状態だと言える。その結果、自らの主体的な意思で行動するのではなく、与えられた指示のままに行動してしまいやすい。

したがって、被暗示性が高い人は催眠にもかかりやすい。完全に受動的な状態が催眠状態であるとすると、被暗示性の高い人が催眠やマインド・コントロールにかかりやすいのは、必然の結果だと言えるだろう。

被暗示性の高い人の特徴としては、他にも、1．人の言葉を真に受けやすく影響されやすいこと、2．信心深く、迷信や超常現象のようなことを信じていることも多いこと、3．大げさな話をしたり、虚言の傾向があること、などが挙げられる。一般人口の約四分の一の人は、催眠にかかりやすく、約四分の一の人は、非常にかかりにくいことが知られている。

催眠にかかりやすい人は、依存性が強い傾向もみられる。相手の話を聞いて、それをいつも鵜呑みにするということが習慣になっている人では、当然、情報を選別して、自分で意思決定するということ自体に慣れておらず、そうしたことにかかわる脳の機能もあまり発達していないと考えられる。

それに対して、いつも情報や人の言葉を真に受けずに、批判的に判断評価を行うのが習慣の人では、被暗示性が低く、マインド・コントロールを受けにくい。逆に、依存性パーソナリティのように、相手の言葉に相槌をうつのが習慣になっているような人では、暗示にかかりやすく、マインド・コントロールに対しても脆弱である。

被暗示性と結びつきやすいパーソナリティの傾向は依存性だけではない。それ以外にも重要なものとして、演技性や境界性がある。演技性は、関心や注目を求めようとする貪欲なまでの欲求と身体的なオーバーパフォーマンスを特徴とするパーソナリティの傾向で、かつてヒステリーと呼ばれたような、心因性の麻痺や身体症状を起こしやすい。演技性の人では、注目を惹くためにありもしない作り話をしたり、ウソを吐いたりして、周囲がすっかり騙されてしまうということも多いが、そうしたことが起きやすいのも、演技性の人では、空想と現実の区別がやや曖昧なところがあり、自分の空想を現実のように思い込んでしまうためだと考えられる。そして、空想と現実の区別の曖昧さも、被暗示性の高さと深く結びついている。

境界性は、気分や対人関係の両極端な変動や見捨てられることへの敏感さ、強い自己否定や自己破壊的な行動を特徴とするパーソナリティのタイプで、意識が解離を起こしやすく、自己のアイデンティティがあいまいになりやすいといった特徴もみられる。これは、自己と他者の境界があいまいなことに起因すると考えられている。そのことからも推測されるように、被暗示性の高い傾向がみられる。

自己と他者の境界が脆いパーソナリティの構造は、境界性パーソナリティ構造と呼ばれ、境界性だけでなく、演技性や自己愛性、反社会性、妄想性などのパーソナリティ障害にも共通してみられる。こうした脆弱なパーソナリティ構造をもつ人では、マインド・コントロールを受けやすいと言える。

空想虚言と偽りの証言

現実と空想の区別が曖昧な、被暗示性の高い人物は、マインド・コントロールを受けやすいだけでなく、周囲をマインド・コントロールしてしまうことがある。いずれの場合も、非常に危険で厄介な状態を生み出すことがある。先にも少し触れたが、本当のようなウソによって、周囲がすっかり騙されてしまい、警察や裁判官も欺かれ、まったく無実の人が、何年も刑務所に入れられるということもおきる。

こうした場合の虚言の特徴は、自分を被害者に、それも悲劇のヒロイン的な被害者に仕立て上げることで、周囲は「被害者」であるその人に同情し、すっかり取り込まれてしまう。もう一つの特徴は、「本当のようなウソ」だということで、あまりにも迫真性や具体性をもつため、周囲は、まさか作り事だとは思わないということだ。

さらにもう一つの特徴は、それによって告発を受け、職や社会的名誉や経済的損失をこうむる本当の「被害者」に対して、何の情けも罪悪感ももたないということだ。それには、恐らくもう一つの特徴が関係している。それは、ウソを吐いている本人も、いつしか本当のことだと思い込んでしまうということだ。

もっと事情を複雑にするのは、濡れ衣を着せられた人が高い被暗示性をもつ場合、冤罪だったはずのことが、いつのまにか本当のことに思えてしまうということも起きるということだ。

そうした極端な事例が、一九八八年にアメリカのワシントン州の小さな町で起きた。事の発端は、聖書キャンプという催しの最中に、伝道者の女性が、「神がいるのを感じる」と言いだしたことからだった。その女性伝道者は、「小さな女の子が、お父さんから隠れているのが見える」と言った。

すると、その場にいた他の聴衆にも、本当に足音が聞こえ、ドアの鍵が開く音がした。そのとき聴衆の中にいた一人の少女が立ち上がって、「その女の子は私だ」と叫んだのだ。

それから、彼女は、親戚から性的虐待を受けていることを告白した。するとまた別の少女が立ち上がって、自分も両親から虐待を受けていると言った。すると、また……。

告白をした一人が、二十二歳になる美しい女性エリカ・イングラムだった。エリカもまた、父親から長年にわたって、性的虐待を受けていることを打ち明けた。

その奇怪な出来事が、小さな町に波紋を広げている頃、別の異変が起きる。エリカの妹で、十八歳になるジュリーの様子がおかしくなったのだ。彼女は涙をこぼすばかりで何もしゃべろうとしなかった。ハイスクールの担任の教師は、ジュリーが何か秘密を抱えていると思い、話すことができないのなら、紙に書いてもいいとジュリーを励ました。担任は、ジュリーから渡された紙片を見て驚愕した。そこには、ジュリーが受けてきた性的虐待の様子が生々しく綴られていたからだ。ジュリーは、父親だけでなく、その友人や伯父や隣人からも虐待を受けていたのだ。

担任は、虐待を専門に扱う施設に連絡し、ジュリーの保護を依頼した。施設は警察に通報した。一報を受けた警察は戸惑いを隠せなかった。というのも、エリカとジュリーの父親は、保安官事務所に勤務する幹部職員だったからだ。

一方、姉のエリカから事情を打ち明けられた母親のサンディもショックを受けた。どう行動すべきか決心がつかないうちに、すでに警察はジュリーとエリカへの事情聴取を済ませていた。そして、ある朝、父親のポール・イングラムが出勤すると、別室に呼ばれて、逮捕されたのだ。

それから長い取り調べが始まった。父親の反応もいささか奇妙だった。父親は、自分の容疑に戸惑った様子だったが、それを否認するわけでもなく、「娘がそう言っているのなら、そうかもしれない。娘にはウソを吐かないように教えてきたから」と言うのだった。だが、娘に何をしたのかと問い詰められても、ポールは、何も思い出せないと言って、具体的なことを何一つ答えることができなかった。

同僚ということで、初めは遠慮をしていた取調官も、次第に苛立ってきて、あの手この手で自白を迫った。もし二人の娘が、父親以外からも虐待を受けていたとしたら、その男たちを早く捕まえないと、二人に危険が及ぶ恐れがあると言われ、父親のポールも必死に何が起きたかを思い出そうとしているようだった。

やがてポールは、性的虐待の場面を、断片的に思い出し始め、その場の様子や、そこに居合わせた人物の特徴を語りだした。そして浮上したのが、ポールの親しい友人だったジム・レイビーとレイ・リッシュだった。エリカとジュリーに、写真で面通しをすると、二人とも、同じ二枚の写真を指差した。レイビーは、性犯罪課に長く勤めた元刑事で、リッシュは、同州パトロール隊の機械工として勤めていた。

この二人の逮捕に、警察も町も、ハチの巣をつついたような騒ぎになった。だが、誰よりも衝撃を受けたのは、逮捕された当人たちだった。

ポールの記憶は次第に蘇ってきて、今やポールは、彼らと一緒に悪魔の儀式を行っていたと証言していた。娘たちは、そのための人身御供とされたのだ。それに呼応するように、ジュリーやエリカも、納屋で悪魔の儀式が行われていたと、語り始めた。動物や赤ん坊が殺されることもあったと語った。そして、母親もその儀式にかかわっていたことを暴いた。

母親もそのことを認め、儀式のことを話し始めた。彼女は、たまたま予定より早く帰宅してみると、儀式が行われている最中で、彼女もレイプされ生贄にされたと打ち明けた。

ポールの話はさらにエスカレートした。同僚のレイビーとシアトルに出張したときに、売春婦を連れ込んで殺害し、死体を遺棄したと告白したのだ。捜査本部は色めきたった。当時、有名なグリーンリバー連続殺人事件が起きており、犯人はいまだ見つかっていなかった。売春婦ばかりが殺された犯行と、その特徴が似ていたことから、ポールとレイビーは、グリーンリバー連続殺人事件の容疑者として急浮上することとなった。

だが、さらに話は異様なものとなっていく。悪魔の儀式や娘たちの性的虐待には、もっと多くの警官が関与していることがわかってきたのだ。次々と警官が引っ張られ、取り調べを受けた。ジュリーは、父親に身ごもらせられた子どもを堕胎させられたと言い、それも、膣から無理やり胎児を掻きだされたのだと主張した。さらには、エリカは腹にナイフを突き立てられたこともあると言った。

彼女たちの話を同情しながら聞いていた人たちも、少し疑問を感じ始めた。彼女たちは産婦人科医の診察を受けた。その結果、彼女たちの体には、堕胎した痕跡も、腹を刺された傷痕もなく、それどころか、性的な関係をもった経験すらないことを自ら認めたのだ。

すべては、娘たちの作り話だったのだ。だが、なぜ、父親や母親までそれに合わせて作り話を「思い出す」ことになったのだろうか。しかも、父親は、娘が作り話をしていたということが明らかになった後も、自分が思い出した「記憶」が事実であると思い込んでいた。

恐らく、この一家は被暗示性の高い体質を共有していたのだろう。そうした場合には、現実と空想の見分けがつかなくなってしまうだけでなく、それが事実だと言われると、事実のように思ってしまうことも起こりやすいのだ。冤罪が生み出されるプロセスには、こうした心理特性も関与していると考えられる。

警察は、「自白」に基づいてポールを起訴し、ポールは二十年の実刑判決を受け、十四年半を刑務所で過ごした。演技性タイプがからんだケースでは、余程気を付けていないと、冤罪が起きやすい。

だが、娘はなぜそんな作り話をでっち上げる必要があったのだろうか。こうしたケースの分析からわかってきたことは、とるにたりないような些細な理由からウソが始まり、それが暴走してしまうと、本人たちは、それを事実のように思い込んでしまうということだ。父親を刑務所に送り込んでも、罪悪感や良心の呵責もない。なぜなら、当人は、そういうことが実際にあったのだと信じ込んでいるからだ。

この二人の娘の場合も、理由はつまらないことだった。妹のジュリーは、学校の電話を無断で使って長距離電話をかけ、そのことで叱られるかもしれないという不安を抱いていた。一方、エリカは、就職を試みるも、仕事を転々とするばかりで、父親から早く定職に就くようにせっつかれていた。さもなければ、父親の金で買った車を、売り払うと言い渡されていたのだ。

こんなことで、と思うかもしれない。だが、それは、これまで筆者が多数出会ってきた現実でもある。被暗示性の高い人ほど、些細なストレスで過剰反応しやすい。処理能力の限界を超え、苦し紛れにした行動が、他の人の人生を狂わせるということも起きてしまう。虚言とどもに、衝動的に放火するといった短絡的な行動も、被暗示性の高い人が突発的に向かいやすい行動の一つである。

③バランスの悪い自己愛

パーソナリティの特性として、近年重要性を増しているのが、自己愛の問題である。不安定で歪に肥大した自己愛は、マインド・コントロールする側の問題として指摘したが、実は、マインド・コントロールされる側の問題としても関与が深まっている。かつて、強力な存在感を放つ他者に従属することで安心感を抱く人が多数を占めた時代には、他者本位で人に影響されやすい依存性パーソナリティの人が、マインド・コントロールの餌食となりやすい典型的なタイプであった。ところが、一見するとまったく逆に、非常に自己本位で、しっかりとした自己主張をもつかに見えた人が、マインド・コントロールされてしまうというケースが増えている。

そうしたケースで認められるのは、自己愛のバランスが悪いということである。彼らは、一方では、心のうちに誇大な願望をもち、偉大な成功を夢見ているが、同時に、他方では、自信のなさや劣等感を抱えており、ありのままの自分を愛することができない。誇大な理想を膨らませることで、どうにかバランスをとろうとしている。現実生活の中で、ある程度の成功をおさめ、輝いていられるうちは、そうしたバランスの悪さもあまり顕在化しないが、現実の暮らしがうまくいかなくなるにつれ、両者のギャップが急速に目立ち始める。

儒教的社会や伝統的なイスラム社会もそうであったが、忍耐と従属を重視する旧来の社会においては、自己というものは、それほど大きな存在感をもたなかった。日本を含めた東洋の封建的社会や伝統的なカトリック社会と同様、イスラム社会でも、定められた運命という考え方が大きな支配力をもつ。個人は、神や天が定めた運命に従うべきものであった。

ところが、プロテスタンティズムと結びついた個人主義では、個人の意思や主体性に重きを置く。運命さえも、その人の意思と努力によって左右できるものという考え方が生まれたのだ。こうした個人主義が、伝統的社会にも波及するにつれて、いわゆる「社会の近代化」と呼ばれる状況がもたらされた。それは、社会の成員が、自分の意思をもった個人として覚醒することでもあった。かくして、自己に重きを置く価値観が、伝統的社会をも浸食し始めたのである。

二つの価値観のギャップを、もっとも強烈な形で味わうことになったのは、両方の社会の狭間に身を置いた者たちだ。田舎から大都会に出てきた若者も、移民のイスラム教徒も、伝統的な価値観を背負いながら、同時に、個人主義的な価値観と接触することで、痛みを伴った自己の目覚めを味わうこととなった。

もはや彼らは、伝統的な価値観に、ただ忍従するだけでは、心のバランスをとれなくなったのである。もっと自己の価値を追求し、華々しく活躍し、輝くことを願望せずにはいられなくなった。そんな彼らに、自分たちを取り巻く現実はさらに冷たく不当に感じられ、自分がないがしろにされている状況を、これまで以上に強く意識するようになる。彼らは、そうした現実を真っ向から否定する、もっと偉大な目的に身を捧げることで、自己の存在価値を取り戻そうとする。

そこで掲げられるスローガンは、近代的な欧米型社会の否定としての理想郷の建設であったり、伝統的な社会の復活であったりする。つまり、西欧的な個人主義社会へのアンチテーゼが基調にあるのだが、皮肉にも、彼らを根底で衝き動かしているものは、敬虔な信仰や伝統的価値観に従うことではなく、むしろ自己に目覚めたがゆえに、平凡で、控えめな生き方では満たされない、肥大化した自己愛の願望なのである。

精神医学者のハインツ・コフートが指摘した通り、自己愛には二つの様相がある。一つは、自らが神のような偉大な存在でありたいという願望であり、幼く未熟な自己顕示性や万能感を特徴とし、誇大自己と呼ばれる。グルやカリスマと呼ばれる人たちは、この誇大自己が現人神のごとく顕現したものだと言えるだろう。

だが、自己愛にはもう一つの様相があり、コフートは、「理想化された親のイマーゴ」と呼んだ。つまり、自らが神のような存在となることはできないが、神のような偉大な存在を崇拝し、その存在に自らの偉大な存在でありたいという願望を投影することで、間接的に満たされる自己愛の形である。歪な自己愛を抱え、自分を評価してくれない不当な現実に、憤りや不満を感じている存在にとって、理想化された存在に対する絶対的な崇拝は、生きる意味を与え、救いとなるのである。一見強制されたわけでもなく、自ら進んでカリスマ指導者や組織に身をささげようとする場合、こうした自己愛の病理が絡んでいることが多い。

優れた知力や批判能力を備えていても、自己愛にバランスの悪さを抱えていると、知らずしらず理想化された存在を求めようとし、いかがわしいリーダーさえも、理想の存在に祭り上げてしまう。自らマインド・コントロールを求めているようなものであり、こうした存在を取り込み、操ることは容易だと言えるだろう。知的能力や弁舌に自信がある人ほど、論理的に説得されてしまうと、もはや抗えないということも起きる。現実の生活に不満を抱え、同時に、偉大な目的を求めているという心理構造を抱えている限り、自分にも聖なる使命が与えられるという誘いは、強力な殺し文句となる。

こうした歪で未熟な自己愛を抱えている人の特徴は、どこか子どものような幼さである。それは、純粋さや理想主義的な形でも現れるし、極端さや過激さともなって表れる。テロリストやカルトの信者たちに、観察された特徴は、彼らがバランスの悪い自己愛を抱えていることを、まさに示していると言えるだろう。

④現在及び過去のストレス、葛藤

パーソナリティの特性や被暗示性の高さは、マインド・コントロールの受けやすさを左右する本人サイドの要因だと言える。しかし、同じ人であっても、マインド・コントロールを受けやすいときと、そうでないときがある。いつもの本人なら、餌食になることはないのに、どういうわけかその時は、マインド・コントロールのワナに陥ってしまったというケースが少なくない。

そこにかかわってくるのは、本人が受けているストレスの大きさや本人を支えているサポートの脆弱さである。

元々しっかりしているとみられていた人でも、挫折や病気、離別や経済的苦境といったことによって心が弱っているときには、マインド・コントロールを受けやすくなる。

現時点のストレスだけでなく、過去に受けたストレスも影響する。ことに幼い頃や子ども時代に、安心できない環境で育った人では、不安が強い性格になりやすいだけでなく、人の顔色を気にする傾向や他人に依存しようとする傾向も強まり、人から支配されやすくなる。

それだけではない。ストレスや不遇な環境にさらされている人は、不満や葛藤、怒りといったネガティブな感情を抱えやすくなる。それはしばしば抑圧され、表面的には目立たない場合もあるが、本人さえも自覚しない不遇感や欲求不満、怒りの感情があると、マインド・コントロールを受けやすくなる。

一九五一年に公刊された洗脳についての古典的な著作で、エドワード・ハンターは、この事実を指摘している。洗脳を施そうとする者は、ターゲットとなる人物が、心のうちに抱えている不満や怒り、罪悪感、挫折感といった葛藤を嗅ぎだすと、それを煽り立て、燃え上がらせようとする。それまで潜在的な不遇感や不満に過ぎなかった、ぼんやりとした感情を、激しい憎しみや許しがたい怒りに変えてしまうのだ。そして、その怒りや憎しみの矛先を、既成の体制や価値観、敵対する陣営に向かわせるのだ。

それまで自分の欠陥や問題や罪だと思っていたことが、実は、既存の体制や敵側からの攻撃や不当な仕打ちの結果であると教えられ、格好のはけ口を与えられる。自分の問題に悩むよりも、不当な敵に憎しみを向け、復讐することに、自分の存在意義を見出すのだ。その結果、その人を苛んでいた自己否定から解放され、自分の価値を取り戻す機会を与えられる。

実は、自分の中の挫折感や罪悪感も、外なる敵のせいだとみなすことで、自分の問題に向き合うことを免れるだけでなく、復讐という大義を手に入れることで、生きる（死ぬ）意味さえも取り戻せるのである。

ハンターも指摘するように、こうしたマインド・コントロールにおいてなされていることは、治療的な操作とまったく逆をいくものである。治療的なプロセスでは、心にひそんでいる葛藤を自覚させ、言語化という理性的な操作を行うことで、感情の渦に巻き込まれない客観的な視点を取り戻そうとする。他者だけでなく、自分をも振り返ることで、自分の身に起きている事態を、対立を超え統合的に見ようとする。それによって、極端な思い込みや攻撃に走るのではなく、他者や外なる世界とのバランスの良い折り合いをつけようとする。

ところが、洗脳というマインド・コントロールでは、葛藤を拡大させ、感情という火に油を注ぎ、火だるまにしてしまう。そして、その怒りの炎を、「敵」に向けさせる。「敵」を作り出すためには、当人の心にひそむ不遇感や憎しみが、好都合なのだ。それは、火をつけるのに適した、乾いた薪なのである。

⑤支持環境の脆弱さ

周囲からの支えがあるときには、不当な支配や搾取をかわすことができる人でも、孤立し、安定した支え手が身近にいないと、相手をよく見極めずに助けを求めたり頼ったりしがちで、マインド・コントロールの餌食になりやすい。

かつて新左翼のセクトやカルト宗教がターゲットとしたのは、地方から都会へ出て来て一人暮らしを始めたばかりの青年たちだった。彼らは孤独だった。方言という壁があるため、学友たちと気楽に話すことさえ困難を伴う。田舎では秀才ともてはやされていても、都会の大学に出てくれば、ただの田舎出の凡才に過ぎない。彼らのプライドは傷つき、自分の存在価値を見失い、アイデンティティの危機を味わうことになる。

そこに親しげに接近して、彼らがしたくても誰ともできなかった、人生や社会についての真面目な議論をふっかけ、彼らをはっとさせたのである。実際、彼らはそうした話を誰かとしたかったのである。最初は警戒しながらも、そうした話に飢えていた彼らは、それにつられて話し始める。話し込み、相手に対する親しみを感じ始めた頃、われわれの活動に参加することこそ、自分の存在価値を見出すチャンスだと言われ、その通りかもしれないと思い始めるのだ。

孤立や精神的な支えの乏しさが、マインド・コントロールを容易にする。「愛着崩壊」を起こし、精神的な絆が乏しくなり、「無縁社会」とも呼ばれる現代社会において、マインド・コントロールの餌食になる人が増えたとしても、何ら不思議はない。

社会が近代化の荒波にさらされ、崩壊へと向かう今日の時代状況は、家族や既成の価値観に支えを見出せない人たちを大量に生みだしていると言えるだろう。「安全基地」という拠りどころをもたないものは、自ら進んで、マインド・コントロールの餌食になろうとすることさえも珍しくない。そこにしか、彼らは自分の支えを見出せなかったのだ。

さらには、もっと過酷な社会の崩壊に直面し、身体的にも経済的にも安全を脅かされた状況で暮らしている人にとっては、武力や経済力をもつ集団に身を寄せることが、生存上有利であるという場合もある。たとえば、敗戦や内戦、革命によって治安も経済も破綻し、犯罪や暴力が跋扈するような状況下では、一市民のままでいるより反政府勢力やテロリスト集団に身を投じた方が、長期的にはともかく、目先の安全を確保することにつながる。ときには、高い報酬や利得を得られる場合もある。フセイン政権崩壊後のイラクや「中東の春」以降、北アフリカやシリアで起きている状況は、まさにそうしたものであった。

たとえば、スンニ派だったフセイン政権の崩壊により、イラクでは、それまで弾圧されていたシーア派が、長年の怒りをスンニ派にぶつけるという状況が生じた。散々受けてきた暴力への報復とはいえ、スンニ派の住人が、ある日突然拉致され、拷問を受けて殺されるということも頻発したのだ。中東地域の拷問はすさまじく、電動ドリルで手足や体、頭蓋骨に穴をあけるという方法は、よく使われるものの一つだ。スンニ派の住人は後ろ盾を失い、無防備な状態に置かれた。そうした中、接近してきたのがアルカイダといったテロ組織である。シーア派に、身内や友人を殺害された人たちも多かった。だが、復讐の念もさることながら、身の安全や経済的な報酬のためといった、もっと身に迫った事情から、テロ組織の誘いに乗るケースが急増したのである。

したがって、テロ集団に加担したといっても、すっかりマインド・コントロールされた人ばかりではなかった。むしろ傭兵や出稼ぎ感覚で加わっている場合もある。生活費を捻出するため、アルバイト感覚で、自爆テロ用の爆弾作りを行っていた技術者もいた。

テロ集団に参加するにあたり、家族を否定し、親子の縁を捨て去った人もいるが、そうしたケースばかりではないこともわかっている。中東は、日本以上に、家族の結びつきが強い地域である。「血も涙もないテロリスト」として一般化されがちだが、家族の絆を捨て切れない人も少なくないようだ。

後の章で見ていくように、命の危険や生活苦といった極限状態に置かれたとき、その人の信条や行動パターンさえ、別のものに変わりやすくなる。一旦、変わってしまうと、新しい信条や行動こそが、本来の自分にふさわしいものだと信じるようになることも珍しくない。そうなった方が気楽で、罪悪感にさいなまれずに済むからだ。

それは、一方の側から見ると、マインド・コントロールを受けているとみなされるかもしれないが、他方の側から見ると、真実への目覚めであり、今までが騙されていたのである。だが、さらに客観的、中立的に見ると、この一連の変化は、生き延びるための〝適応〟の結果であり、過酷な環境を生き延びるための戦略変更だとも言える。必要は発明の母であり、環境と折り合いをつけるために、最後の選択肢として、信条や生き方を変えてしまうのである。

ただ、その場合、易々とこれまでの信念を捨て去り、新しい環境や価値観に〝過剰適応〟する人と、そうでない人がいることは確かだ。依存性や被暗示性が高い人では、〝過剰適応〟が起きやすいことは、容易に察せられるだろう。

一方、過酷な環境に隔離され、拷問を加えられ、思想改造や洗脳を受けた場合でも、信念を貫き、マインド・コントロールを免れる人もいる。彼らに共通することは、しっかりとした所属意識をもち、それと一体のものとして、揺るぎない信仰や信念を身に着けていたことである。彼らは、孤独で、誰も助けてくれず、拷問や飢餓の苦痛にさらされながらも、決して一人ではなかった。彼らを所属する家族や共同体と結びつけていたものは、しばしば祈りという営みであったという。祈ることは、神という絶対者だけでなく、愛する者とのつながりを感じる行為であったのだ。

アウシュビッツ収容所を生き延びた精神科医のヴィクトル・フランクルは、彼が絶望せずに生き延びることができた要因の一つとして、絶えず心の中で妻と対話していたことを挙げている。酷寒の中、何時間も立たされながらも、彼はそのひどい状況について、妻に冗談交じりに話して聞かせていたと言う。

だが、その妻はすでに亡くなっていた。フランクルがそのことを知ったのは、彼が解放されて、自宅に戻ってきてからだった。妻も両親も、すべて亡くなっていたのである。彼が心の中で、会話を交わしていた存在は、もう彼の心の中にしかいなかったのだ。

もしフランクルが、そのことを知っていたら、生き延びることはできなかったかもしれない。愛する存在との絆が支えとなって、彼を絶望と死から守ったのだ。

第四章　無意識を操作する技術

原初的なマインド・コントロール技術

特別なマインド・コントロールのための技術が発展する以前においても、すでに人類は高度なマインド・コントロールの技を手に入れていた。

たとえば、ローマ時代において、独裁者となったカエサルの暗殺を行うように、カシウスからそそのかされたのがブルータスだった。ブルータスは、カエサルの愛人の息子であり、何かとカエサルから便宜を図ってもらっていたのだが、共和政を守るのが正義だと言われ、うまく持ち上げられると、次第にその気になってしまう。自分の母親の愛人でもあった男に対して、ひそかに敵意を抱いていたところに、うまくつけこまれたのである。

まったくその気がない人をマインド・コントロールすることは難しい。だが、多くの人は心の中に隠れた欲望や恐れや憎しみをもっている。それを刺激されると、びくともしないように見えた岩も転がり出すのだ。

ブルータスは、純粋で一途なところのある人柄で、カエサルは、そうしたブルータスの性格を買っていたのだが、その一途さは、彼に刃を向けさせることになる。このタイプの人物は、老獪な人間からすれば、操りやすいと言えるだろう。

この時代のマインド・コントロールは、ひそかに抱いている野心や敵意や恐怖心をうまく煽り、利用するというものが中心であった。

シェークスピアの戯曲には、こうしたマインド・コントロールの要素がしばしば盛り込まれ、それが人間描写に深みを与えている。オセロは、奸臣イアゴーに吹き込まれた告げ口を真に受け、一番忠実だった者にも猜疑心を向け、次々と命を奪い、しまいには妻まで手にかけてしまう。マクベスは、野心をくすぐられて反逆者となり、滅びる。

意識化されていない欲望や恐れに暗示を与え、それを活性化させることによって、その人の行動に影響を及ぼすという手法が、すでにこの時代からあったということだ。

もう一つマインド・コントロールにおいて、早くから重要な手法であったのは、振りをすることである。振りをすることの重要性を最初に指摘したのは、『君主論』を著したマキャベリーである。マキャベリーは言う。君主たるものは、信義や誠実さを本当に備える必要はないが、備えている振りをして、そう相手に思わせることが肝心だと。もっとも信頼できる味方の振りをして、相手に心を許させれば、その行動を思いのままに誘導することはたやすい。いつの世も使われる常套手段だと言えるだろう。

先にも触れたように、振りをする能力は、社会的知性の根幹をなすと考えられている。社会的知性が、マキャベリー的知性とも呼ばれるゆえんだ。社会的知性に優れた者は、巧みに振りをすることで、相手の気を許させ、その心や行動に影響を及ぼしていく。その点については、また後でみていこう。

また、マキャベリーは、愛されるよりも恐れられることが、堅固な支配力をもつと強調した。そして、その一例として、カルタゴの名将ハンニバルを挙げている。ハンニバルの軍が、常に統制が保たれていたのは、彼が規則違反に対しては冷酷とも言えるほど、厳格な態度で臨み、兵士から慕われると言うよりも恐れられていたからだと。恐怖による支配もまた、今も昔も変わらずに続く、マインド・コントロールの一つの形なのだろう。

暗示というマインド・コントロール

相手を動かそうとするとき、理詰めの正論で相手の抵抗を打ち破るというのも一つの方法だが、しばしばその方法は難航する。むしろ効果的なのは、善意の第三者としての見解を、小声で囁くことだ。「あなたは騙されている」と匂わせられたり、「なろうと思えば、王にもなれるのに」と、予言めいたことを耳にすることは、正攻法で説得される以上に心を動かされるのだ。

直接的な説得よりも間接的な仄めかしの方が、行動を誘導する力があるということを、社会的知性に優れた人たちは経験的に知っていた。十八世紀に催眠術が登場するまで、もっとも強力なマインド・コントロールの方法は、暗示によるものだった。ただし、当時は、それが暗示の力によるということは理解されていなかった。

直接的な説得は、他人を自分の考えに従わそうとする意図のもとになされる。ところが、自分の意志を強く持っている人ほど、他人の意図に左右されることに本能的に抵抗する。それゆえ、正攻法での説得には落ちにくい。

一方、第三者的な仄めかしは、説得する意図をあたかも持っていないように振る舞うことで、そうした抵抗を避けることができる。第三者の目から見た「観察事実」を述べたに過ぎないようにみせかけるのだ。誰も、それを信じてくれとは言っておらず、それゆえ、それを否定することはかえって難しい。

これが、後に暗示として理解されるようになる非常に重要なマインド・コントロールの方法につながっていく。説得しようとする意図を隠すことによって、かえって大きな影響力をもつのである。この方法については、後でもう少し詳しく述べよう。

メスメリズムの隆盛と没落

マインド・コントロールの歴史が、新たな段階に入ったのは、催眠という方法の登場によってである。その起源は、西洋では悪魔祓いとされるが、東洋ではもっと古くから知られていたようだ。悪名高い中世イスラムの暗殺団ハシシン（アサシンという語の語源ともなった）では、催眠によって人を操り、殺人や自殺をさせていたという。

催眠が、西洋で医学的に用いられるようになったのは、十八世紀のことである。当時は動物磁気と呼ばれた催眠術を、自在に操った最初の人物は、ウィーンの医師、アントン・メスメルである。

メスメルは、最初、鉄を含んだ薬を飲ませ、磁気を帯びた石を張りつけるという方法を用いたが、やがて、磁石は用いず、手を微かに動かすだけで、思いのままに患者を操れるようになった。催眠術の効果は、メスメルの確信とオーラに満ちた態度への信頼感、そして暗示によるものだったからだ。

目が見えなくなった女性を催眠にかけて治療し、目が見えるようになったこともある。だが、やがて暗示効果が消えると、女性の目は再び見えなくなってしまったが。

メスメルが発見した重要なもう一つの事実は、催眠状態に導入するためには、施術者と被験者との間に、ある種の信頼関係が必要だということだ。この信頼関係を、メスメルはラポールと呼んだ。相手に対して警戒心をもつとき、催眠はかかりにくいのである。逆に、催眠に一度かかると、同じ施術者に対して、どんどんかかりやすくなっていく。メスメルの場合も、手を微かに動かすだけで、被験者の女性たちは、即座にトランス状態に陥った。

メスメルはその後パリに移り、一時は大成功を博すが、あまりにも無差別に、すべての疾患を催眠術で治そうとしたことが命取りとなった。心因性の疾患には有効であっても、器質性の疾患には効果は望むべくもなかったからだ。一時的な暗示効果が消えてしまえば、元の木阿弥だった。

メスメルに対する熱狂が大きかっただけに、その反動も激しかった。旧勢力からの熾烈な反攻にさらされ、すっかり評判が失墜したメスメルは、夜逃げ同然にパリを去らねばならなかった。その後遺症は深く、催眠による治療は、長く歴史の表舞台から姿を消すこととなる。その傷が癒え、催眠の有用性が見直されるまでには、一世紀近い歳月を必要とした。

催眠治療の発展

催眠術を、再び治療に本格的に用いたのが、パリのサルペトリエール病院を舞台に活躍し、その名声を恣《ほしいまま》にしたジャン＝マルタン・シャルコーやその弟子でもあるピエール・ジャネである。偉大な神経学者であったシャルコーは、心因性の疾患と器質性の疾患を明確に区別し、心因性の疾患にだけ催眠術を用いることで、メスメルの轍《てつ》を踏むことをみごとに避けた。

一方、哲学から心理学、さらには精神医学に転じたジャネは、催眠状態で、もっと複雑な操作が可能だということを、実際の症例で示した。過去の隠蔽された記憶を探り、不可解な症状の原因を明らかにしただけでなく、外傷的な記憶を消去したり、別の記憶に置き換えることで、みごとに厄介な症状を治療してしまった。今日でいえば、重度の解離性障害や外傷性精神病の治療に成功したのである。

パリのサルペトリエールに対して、フランスにはもう一つ催眠治療のメッカがあった。それは、ロレーヌ地方の都市ナンシーを中心に活動したのでナンシー学派と呼ばれる。その大立者《おおだてもの》が、ベルネームである。ベルネームは、元々内科学の教授であったが、リエボーという開業医が催眠術でみごとな治療成績を収めているという噂を聞き、半信半疑で訪ねていく。そこで、患者たちが劇的に改善するのを見て、リエボーの弟子となる。そして、大学病院での治療にも催眠術を採り入れ、大いに成果を上げたのである。

内科医であったベルネームが治療したのは、今日でいえば心身症と呼ばれる心因性の身体疾患であった。ベルネームの偉大な功績は、催眠術の本質が暗示効果によるものだということを見抜き、わざわざ催眠導入しないでも、暗示を与えることで、催眠術と同等の効果が得られることを、科学的に裏付けたことである。

この点では、一世代後に活躍するフロイトの発見を先取りしていた。フロイトも、当初治療に催眠術を用いていたが、やがて、催眠に導入しないでも、心理的操作が可能なことに気づき、催眠術による治療を放棄した。というのも、催眠術をもちいることは、さまざまな副作用を伴っていたからだ。催眠状態において、理性は眠りこんだ状態にある。施術者に対して全面的に依存した状態だとも言える。理性を素通りする方法は、自覚的に問題に向き合わずに済むというメリットをもつが、それは、問題の自覚を避け、施術者任せの依存的な状態を生み出す危険をもつ。こうして催眠術は、再び治療の表舞台から消えていくことになった。

フロイトらは、無意識に埋もれている葛藤を意識化することによって、神経症の症状が良くなることを多数の症例で示した。フロイトの方法は、問題に向き合い、その正体を認識することで、問題を解消しようとするものである。実際、この治療法がもっとも適した人は、高い言語能力と理性の力を備えた人であった。エリート向きの治療法と言えるだろう。

それは、主体的認識を重視するという意味では、マインド・コントロールの対極にある方法とも言えるが、問題はそう単純ではない。フロイトは、意識化、言語化を助けるために、「解釈」という手法を使った。無意識から取り出された記憶の意味を、フロイトなりに分析し、解き明かしたのである。

だが、相手の体験に、解釈という〝加工〟を施すこともまた、新手のマインド・コントロールの方法に陥る危険を孕んでいた。相手が語る記憶を、一つ一つ別の意味に書き換えていくようなものだからである。実際、精神分析を受けた人は、ことにその方法が乱暴な場合には、まるで「洗脳」を受けたような状態を呈することも珍しくなかった。

一方、ベルネームがその嚆矢《こうし》となって発展したのが、暗示による精神療法である。これは、精神分析に比べると、素朴で依存的な人に、むしろ適していた。実際、かかる手間やお金も含めて、ずっと庶民向きだった。こちらは、暗示というマインド・コントロールの技法を、穏やかな形で利用したものだと言える。

クーエの自己暗示療法

ベルネームらと同じナンシーで、彼の方法を一歩進めた自己暗示療法を確立したのが、エミール・クーエである。クーエもまた、町の開業医であった。クーエの治療法は、基本的にはベルネームから受け継いだもので、きっとよくなると患者を励まし、前向きで肯定的な発言や考え方を指導し、症状がよくなるという暗示を与えた。

クーエの暗示の与え方は、たとえば不眠を訴える患者に対しては、「毎晩、あなたは眠りたいと思う時間に眠り、翌朝目覚めたいと思う時間まで眠り続けるでしょう。あなたの眠りは静かで、安らかで、深く、悪夢やその他の好ましくない状態に悩まされることはありますまい。

目覚めたとき、あなたは快活明敏で、仕事に積極的な気分となるでしょう」（C・H・ブルックス、エミール・クーエ『自己暗示』河野徹訳）と、良くなった状態を、イメージ豊かに語るものだった。それとともに、治療中やリハビリ中に、「私はできる」とか「それ（症状）は消える」といった言葉を唱えさせた。さらに、「クーエの暗示」としてしられる言葉を、自宅でも毎日唱えるように言った。それは「日々に、あらゆる面で、私はますますよくなってゆきます」（同）というものだった。

この治療法は、非常に効果があったので、すっかり評判となり、クーエの医院には、彼の診察を受けるために、フランス中から患者が押し寄せてきた。

クーエの診察室は、明るく開放的で、診療所らしくないくつろいだ雰囲気に満ちていたという。クーエの態度も、気さくで親しみのあるものだったが、指示を与えるときや暗示を与えるときだけは、権威をもったものになった。

劇的によくなる患者を見て、周囲の患者もまた良くなっていくという良循環を生み出した。クーエの治療が劇的な効果をもたらしたのは、心身症や神経症などの心因性疾患だったが、彼の治療は、器質的な原因で起きている疾患にも、ある程度効果があった。喘息、てんかん、脊柱側弯症、結核性骨髄炎など、当時の医学では治療が困難であった疾患が〈完治またはコントロール良好〉になったのである。

こうした治療を、クーエは一日十時間以上も行い、しかも診察代は銅貨一枚受け取らなかったという。七十歳近くまで、奉仕のために人生を捧げた。

クーエの自己暗示療法は、マインド・コントロールが善用される最たる例だと言えるだろう。しかも、それは、科学的根拠に基づいて行われた医学的な治療であり、信仰や祈禱の力による治療ではないということだ。クーエは、問診と診察を丁寧に行い、医学的な診断もけっしておろそかにしなかった。

暗示療法について、もう一つ付け加えるべきは、大人よりも子どもに、都会人よりも田舎で暮す人に、より顕著な効果を生んだということだ。そのことは、フランス北東部のナンシーという地方都市で、一連の療法が隆盛したこととも無縁ではないだろう。分析的で批判的な人よりも、素朴で信じやすい人たちに、この療法は向いているのである。

クーエの診療所で働いていたマドモアゼル・コフマンという女性は、児童の治療を専門に行ったが、その効果は、師のクーエをも凌ぐものだった。彼女は、眼瞼下垂《がんけんかすい》のため、七歳まで目が見えなかった子どもの視力を回復させたり、当時は、有効な薬もない結核性の病気を完治させるなど、文字通り〝奇蹟〟とも言える回復を引き起こしていた。

彼女の治療は、その子どもを抱いて、優しく愛撫しながら、段々よくなっていることを語り続けるというシンプルなものだった。そして、親にも子どもが希望をもてるように、決して否定的なことは言わず、前向きなことだけを話すように指導した。また、本人が寝ているとき、耳元で、どんどん良くなっていると良い暗示を囁かせた。

今日の医学的知見から言えば、抱擁や愛撫と組み合わせることで、暗示療法による効果に加えて、愛着システムであるオキシトシン系を介した効果が相乗したと考えられる。オキシトシンは、抱っこや愛撫といったスキンシップによって分泌が高まり、抗不安作用や抗ストレス作用をもち、また免疫系や成長ホルモンの働きを活発にする。マッサージ療法などでも、その効果が裏付けられているが、それは、薬を投与するに勝るとも劣らない作用を及ぼし得るのである。

クーエが子どもの患者に対して行っていたように、「なおる、なおる、なおる……なおった」と、患部を撫でながら、一緒に唱えさせることは、決して非科学的ではなく、むしろ、消毒薬を塗ったり、必要もない薬を飲ませるよりも、ずっと医学的にも妥当性をもつ行為なのである。

クーエの自己暗示療法は、非常に簡便で、誰でも自分で行うことも可能である。今日も、自己暗示は、さまざまなセラピーや訓練に採り入れられている。

このように、マインド・コントロールの技術は、良い方向にも生かされ得るのである。

精神分析と転移

クーエと同じ頃、この世に生を享け、ウィーンで同じく開業医となったのが、ジークムント・フロイトである。フロイトは、ウィーン大学で神経学を修めた後、当時、神経学のメッカだったパリに留学した。サルペトリエール病院のシャルコーの催眠療法に強い感銘を受けたフロイトは、ウィーンに戻ると、さっそくその技法を臨床に採り入れて、自らも実践し始める。

フロイトの催眠療法は、友人のブロイアーが発見した方法「浄化法」を用いたもので、催眠状態で、心の傷となっている出来事を話すと、その傷が原因となって起きている症状が改善するというものだった。

これは、基本的にジャネの方法（彼はそれを「心理分析」と呼んだ）と共通する部分が少なくない。ジャネも同じように、催眠状態で、原因となった外傷的な出来事まで記憶を遡り、そのときの心理状態を再現したうえで、さまざまな操作を行ったからである。ただ、ジャネが、暗示によって外傷的記憶を消去しようとしたり、他のものに置き換えようとしたり、積極的な修正を加えたのに比べると、ただそれを語らせるという方法は、非侵襲的で非操作的なやり方だったと言えるだろう。

ある意味、フロイトの治療は、マインド・コントロールを敢えて行わないところから出発したのである。それにしても、フロイトがなぜジャネのように、暗示によって記憶や潜在意識に存在する固定観念を修正する方法（フロイトは、この方法を「催眠的暗示法」と呼んでいる）ではなく、語りによって抑圧を解放する方法を採用したのだろうか。フロイトが催眠的暗示法を放棄した理由の一つは、その効果の持続性にあった。催眠的暗示法によって、症状が一時的に改善しても、また時間が経つと元に戻ってしまうということを、再三経験した。このことは、現在も催眠治療の大きな課題となっている。重症の患者ほど、暗示による効果は長続きしないのである。

もう一つの理由は、どうしてもうまく催眠に導入できない人たちが、少なからずおり、そうした人に催眠治療は使えなかったという現実的な問題があった。

さらにもっと決定的な理由は、先にも述べたように、催眠という方法に頼ることが、自分の問題に向き合い、それを認識することを妨げてしまうことである。フロイトは、持続的な改善をもたらすのは、むしろ自分が問題に向き合うことに「抵抗」する気持ちを認識し、問題を自覚することにあると考えていた。

他人が勝手に潜在意識を操作することで症状の改善を得るのではなく、その人自身が問題に向き合い、それを意識化し言語化することこそ、本当の変化をもたらすという信念が、精神分析という新しい治療法の原動力でもあった。言い換えれば、治療者によるマインド・コントロールに委ねるのではなく、自らが自らのマインド・コントロールを回復することが、本当の回復だという見地だったと言えよう。

そうした見地からすれば、フロイトが催眠を放棄し、意識の清明な状態で、対話をすることによって治療を行うようになったことは、必然的な帰結だった。

その場合に、患者が自分と向き合いやすいようにフロイトが凝らした工夫は、面と向かい合って座るのではなく、患者を寝椅子に横たわらせて、患者の視線が治療者の視線と交わり合うのを避けるようにしたことと、心に思い浮かぶことを、一見関係ないことでも何でも話させたことである。こうすることによって、患者は治療者をあまり意識することなく、自分の回想に没入しやすくなり、催眠を用いなくても、催眠と同じように回想可能な記憶の範囲を大幅に広げることができたのである。自由連想法という方法であり、それが可能となるためには、本人が治療者の視線からさえ守られていることが重要だったのだ。

この方法は、無意識にアプローチしやすいという点でも、自覚的な認識を損なわないという点でも、どちらのメリットも活かすことができる絶妙の方法だった。

しかし、この方法にも問題と限界があった。その一つは、先にも触れたように、解釈という方法にあった。治療者の解釈によって、自分の体験を再構築することが精神分析だとすると、そこには、治療者のコントロールという要素が入り込まざるを得なかったのだ。

実は、それだけではなかった。もっと厄介な問題に、フロイトは直面するようになった。それは、症状が良くなってきたかと思えたときに、しばしば起きた。治療が進むにつれて、患者は治療者に対して過度な理想化を示して執着したり、恋愛感情を抱いたり、逆に反発してネガティブな感情を抱いたりするようになったのである。

さらに調べていくと、この現象は、患者にとって重要だった人物に対する感情を、治療者に向けることによって起きていることに、フロイトは気づく。彼は、この現象を「転移」と呼んだ。ポジティブな感情を向けて、理想化し好意を抱く場合を陽性転移、逆に怒りや憎しみといったネガティブな感情を向けてくる場合を陰性転移という。

さらに厄介なのは、転移感情を向けられると、治療者の側にも、それに呼応する感情が生じてしまうということである。「逆転移」と呼ばれる現象である。患者が、治療者を理想化したり、恋愛感情を向けてくると、治療者もそれに巻き込まれやすくなる。反発や敵意を向けられると、いつの間にか、治療者の方にも、ネガティブな感情が生じ、その患者のことを疎ましく思うようになる。ある意味、患者が映し出している存在、たとえばその人が嫌っている父親という役割を引き受けてしまっているとも言える。

この転移をいかにうまく扱うかが、治療の成否のカギを握っていることが、わかってきたのである。つまり精神分析での治療過程では、その人の症状（神経症）が良くなる一方で、転移にともなう状態（転移神経症）が出現する。今度は、この転移感情を扱い、それが自分にとって重要な人物への感情を映し出したものであることを自覚させ、それを克服することで、最終的な回復に至るという治療理論が確立されていくのである。

転移を克服できないとどうなるのか

この転移という現象は、悪用された不完全な治療としてのマインド・コントロールを理解するうえでも、非常に重要である。

異性の相談に乗っているうちに、互いに恋愛感情が芽生えて、結婚にまで至るということは、非常に多い。これは、精神分析的には、転移と逆転移という観点で理解することができる。それは自然発生的なもので、意図したものではないと言われるかもしれないが、世の中はそれほど単純でも無邪気でもない。

ジークムント・フロイト

ケースによっては、この転移感情を巧みに操ることによって、相手を籠絡するという場合もある。つまり、逆転移を期待して、悩み事や相談を持ちかけ、そこから、恋愛に発展させていくと、いつのまにか相談した方が、相手を操っているということが起きる。

無防備で善良で親切な人ほど、そんなふうに頼られ、悩みを持ちかけられると、何とか助けたい、力になりたいと入れ込んでいるうちに、いつのまにか恋愛感情に陥り、自分の家族や生活を捨ててまで、その人に尽くそうとすることも珍しくない。それは、冷ややかな見方をすれば、転移のワナに落ちてしまったと言うことができる。

専門家として精神分析や心理療法を業《なりわい》としている人でさえも、この転移のワナに陥ってしまうことがある。患者に対して恋愛感情を抱いてしまい、性的関係をもったり、一緒に暮したり、ときには結婚する場合もある。治療者として非常に優れた能力をもっている場合でも、そうしたことは起きる。

その典型的な例は、カール・ユングであろう。彼は、自分の患者だった複数の女性と、一線を越えた関係をもち、そのうちの何人かは、彼の愛人となった。フロイトに言わせれば、ユングは転移を乗り越えられず、その虜になってしまったということになる。

もっと厳しい見方をすれば、ユングは治療者としての有利な立場を利用して、若く美しい女性患者をマインド・コントロールし、自分のものにしたという誹《そし》りさえ免れない。ユングは魅力的な人物を巧みに演じていたが、内面は非常に不安定な人であった。自分自身を支えるためには、自分の絶対的な崇拝者や帰依者を必要としたのである。いかに事実を美化しようと、そこにはカルト宗教と似た構造が認められる。

フロイトが目指したのは、主体的な認識によって自分へのコントロールを回復することだったと言えるだろう。その道中に転移にとらわれてしまったのでは、主体的コントロールなどではなく、ただ別の存在に依存することで、自分を支えるようになっただけのことである。転移を扱うことができないどころか、むしろその転移を悪用する関わりには、そうした危険がつきまとう。

ある芸能人が、占い師に依存し、支配されるという「事件」が、かつて物議を醸したが、こうした事件も、精神科医を占い師に置き換えれば、容易に理解できるだろう。

職業として専門家が、相手の内面の悩みを聞いたり、秘密を打ち明けられる仕事を行う場合には、転移の危険を知って、それを適切に扱うことが、職業倫理として不可欠である。ところが、そうした倫理観に欠けていたり、その人自身不安定な要素を抱えていると、転移のワナにとらわれ、一線を越えた親密さの領域に突き進み、二進《にっち》も三進《さっち》もいかない関係に陥ってしまう。それは、失敗した〝セラピー〟の結果なのである。専門家としては欠陥があったということであり、転移を扱えない専門家は、本来はそうした行為に手を出すべきではなかったのだ。

しかし、ユングの治療は、ある意味、理想ではなく現実がいかなるものであるかを教えているとも言える。フロイトが目指したように、自立した主体として問題に立ち向かい、それを克服することが、本来目指されるべきことだとしても、そんなふうにできる人ばかりではないということだ。現実の人間は、もっと弱く、自分を支えることに四苦八苦している。何かにすがりついてでも、楽になりたいと望んでいる。完全な自立という形ではなくても、何らかの生きる意味を手に入れたいと思っている。

何者にも頼らない本来の自分の人生ではないかもしれないが、もっと強く、揺るぎない存在やもっと大きな意味に自分を同一化することで、このちっぽけで弱い自分にも、生きる確かな意味があると感じたい。そうした願望が、ユングの愛人となってでもそばにいるという選択を生んだであろうし、カルト宗教や反社会的集団、ファシズムなどの政治運動にすがる人々を生み続けてきた。

フロイトの生み出した精神分析が廃れても、カルト宗教は一向に廃れる気配はない。それがより多くの人にとっての現実なのだ。転移を理性的に克服して自立を成し遂げるよりも、転移に溺れ、依存することが、多くの人にとっては、手に入りやすい救済なのである。

フロイトが目指した自己克服的な道は、ある意味、自力本願によって救われようとする小乗仏教的な路線だと言えるだろう。しかし、もっと弱い多くの人々は、小乗仏教では敷居が高すぎ、他力本願で救われる大乗仏教にすがった。

フロイトとユングの目指した救済観は、道元と親鸞の救済観の違いだと言えるかもしれない。

厳しい修行と禁欲を自らに課した道元と、妻帯という破戒を敢えて行い、人間の弱さや欲望を素直に受けいれようとした親鸞の方向性を対比したとき、フロイトとユングの生き様の違いともかぶる部分が多いように思える。

出口のない転移が求めたものは

転移を扱うことに失敗したとき生じる、治療者と患者の関係は何を意味しているのだろうか。転移を巧みに乗り越えられる人よりも、出口なき転移に陥る人の方が多いのは、何ゆえだろうか。そこで、人々は何を求めているのだろうか。この問いは、なぜ多くの人がマインド・コントロールの被害に遭うのかという問題への答えにもつながる。

では、なぜ、多くの人は転移のワナに陥るのか。それに対する一つの答えは、人々はつながりを求めようとする根源的な欲求をもっているということだ。しかも、それは単なるつながりではない。転移で再現されるのは、その人にとって重要だった人物との関係である。親や兄弟など、かつて愛憎関係にあった存在である。つまり、出口のない転移が求めているのは、愛着した存在とのつながりの再現であり回復なのである。もっと一言で言えば、家族なのである。その人の家族になるということが、出口のない転移が求めるゴールなのである。しかもそれは、現実には許されなかった関係を、別の形で実現するという象徴的な意味を帯びている。

フロイトの方法が限界に直面するのは、その点である。治療者との関係を支えにして問題に向き合い、それを解決できたとき、その人と治療者との関係は終わってしまう。しかし、もしその人が、本当に求めていたものが、家族のように半永久的につながりつづける存在を手に入れることだとしたら、問題解決は本当の目的に反するということになる。問題をぶり返すか、別の問題を持ち出すか、もっと根源的な空虚を自覚するようになるだけだ。

問題というのは、実は、一つの口実に過ぎなかったのだ。それを口実に、その人は、本当の家族を手に入れたかったのである。問題解決だけを目指す方法が、根本的症状や問題の解決をもたらさないのは、このためである。問題を解決できるかどうかなどは、大して重要ではなく、本当の目的は別だったのだ。ただかかわってくれる存在を、それも半永久的に自分のそばにいてかかわってくれる存在を求めていたのである。

その意味で、カルト教団にしろ、反社会的集団にしろ、それらが疑似家族として機能していることは、必然的なことだと言える。現実の家族から離反し、グルや教団に対して、理想的な親や家族を求めるのである。父親や母親の身代わりをそこで見つけ、彼らは転移にとらわれることで、自らを支えている。幼い頃に愛した存在を求めようとするエネルギーは、極めて根源的で、強力なものなので、それは、何十年にもわたって、その人を支配し続け得る。

催眠と転移によるコントロール

ある意味、精神分析や医学的な心理療法においては、幾多の失敗を重ねながら、催眠や転移というものの危険な側面が認識され、その危険を克服しようとしてきたと言える。催眠という方法を放棄し、転移を治療の重要な課題と考えたのも、その危険に対する認識があったからだ。ベルネームやクーエの暗示療法も、フロイトから始まった精神分析も、催眠下ではなく、清明な意識のある状態で行われるようになった。それは、催眠のように本人の意識や意思が曖昧な状況よりも、主体的な自覚とともに行われる方が望ましいと考えられたからだ。こうして、治療の世界では、催眠という方法は異端視され、活躍の場を失っていく。

ところが、マインド・コントロールの領域では、その事情はまったく逆になる。むしろ、催眠のように被暗示性が高まり、判断力の低下した状態や転移を悪用し、それによって思うがままに人を操作しようとする。催眠状態も、転移が起きた状態も、主体的な意思決定能力が低下し、相手に依存しているという点では共通する。つまり、マインド・コントロールされやすい状態なのである。

ただ、催眠については、長年信じられてきた一つの〝常識〟があった。いくら催眠状態にあっても、その人の信条や道徳に反することにはブレーキがかかるとされていたのだ。つまり、催眠によってマインド・コントロールを行い、本人の利益に反するようなことや、周囲に害を及ぼすようなことをさせようとしても、そこで催眠が解けてしまうと考えられていた。

それについては、有名な実験が知られている。今日でもトゥレット症候群という疾患にその名をとどめている、ジル・ド・ラ・トゥレットという高名なフランスの神経学者が、公開で行った実験である。彼は、被験者の女性に催眠をかけ、刺したり、撃ったり、毒を盛ったりといった犯罪行為を、次々と行わせた。もちろん使われた剣やピストルや毒は本物でないように、あらかじめ細工されていたのだが、「フロアー一面が屍の山になるほど」の殺戮行為が行われたのだ。

この結果は、催眠によって道徳観念さえも打ち破ることができることを示しているかに見えた。だが、この話には、その後にオチがあるのだ。公開実験が終わった後、学生たちがあるイタズラを思いついた。まだ催眠状態にある女性に、今彼女は部屋にひとりきりでいて、風呂に入る時間だと言い、服を脱ぐように命じたのである。ところが、女性は、激しいヒステリーの発作を起こすと、催眠から醒めてしまった。

この女性は、舞台の上での〝大量殺人〟が、危険を伴わない真似事であることを認識しており、高名な教授が期待する通りのことを行っていただけなのだと考えられる。言い換えれば、教授が危険なことを命じるわけがないという信頼感があったが、学生に対しては、そうした信頼感がなかっただけとも言える。

このエピソードは、催眠状態にあっても、まったく意思決定能力が失われているのではなく、善悪判断力は保たれている根拠とされた。だが、そんな常識を覆す事件が、デンマークで起きることになる。

なぜ男は銀行強盗を働いたのか

一九五一年の三月、首都コペンハーゲンの銀行に、三十歳くらいの男が押し入り、窓口の出納係に拳銃を突きつけて、金を出せとすごんだ。出納係が、ぐずぐずしていると、犯人は出納係の頭に向けて無造作に発砲し、もう一人に早くしろと迫った。その瞬間、誰かが警報装置のボタンを押したために、非常ベルが鳴りだした。犯人はもう一人にも向けて発砲すると、金を奪うことを諦め、銀行から逃走した。

逃走に使ったのが、乗ってきた自転車だったうえに、目撃者がいたため、簡単に足がついて、容疑者は数時間後に逮捕された。捕まったのは、二十九歳のハードラップという名の機械工だった。男はあっさり容疑を認めた。ひどく稚拙で、短絡的な事件かと思われた。

だが、さらに動機を追及されると、容疑者は、奇妙なことを口走り始めた。第三次世界大戦に備えるため、ある政党を設立したことや、万一戦争が起きれば、銀行強盗で手に入れた金を使って、選ばれた者を安全に避難させるのだという計画を真顔で語りだしたのだ。実際、容疑者の部屋を捜索してみると、その政党のユニフォームやポスター、彼の計画を裏付ける資料が多数見つかった。

取り調べに当たった捜査員たちが不可解に思ったのは、銀行強盗を働き、二人の人間を殺害し、逮捕されているにもかかわらず、容疑者が取り乱した様子もなく、平然としていることだった。人を殺して、罪の意識を感じないのかと問われると、ハードラップは、感じないと答え、その理由は「神がそうするように命じたからだ」と述べた。

ハードラップは、パラノイア（妄想性の病気）なのだろうか。司法精神科医のマックス・シュミット博士が呼ばれ、ハードラップと面接した。ハードラップは、銀行強盗という考えを、どこから思いついたのだと問われると、「守護天使からだ」と答えた。やはり、妄想にとらわれて犯罪を行ったのだろうか。

実は、七か月前にも、別の街で、手口がそっくりの銀行強盗が起き、その事件の犯人はまだ捕まっていなかった。それも、どうやらハードラップの犯行に間違いないようだ。ところが、ハードラップの生活ぶりは質素で、銀行強盗で大金を手に入れたようには見えない。やはり裏に何かあるのではないのか。

そもそも銀行強盗を単独犯で行うというケースは珍しい。共犯者がいるのではないのかと、警察は疑惑を強めた。

そこに一人の男が浮上する。ニールセンという男が警察に出頭してきて、犯行に使われた自転車は、実は自分のものだと供述した。ニールセンは、訊問を受けたが、犯行への関与はもちろん否定し、自転車を貸しただけだと言い張った。

警察は、ニールセンの関与を疑ったが、何の証拠もなかった。それに、ハードラップも、ニールセンは何も関与していないと供述した。

ただ、ハードラップとニールセンには、濃すぎるほどのつながりがあった。二人には、どちらも前科があったが、二人は同じ刑務所に三年間も一緒にいて、その多くを同じ房で過ごしていたのだ。

刑務所を出てからも、ニールセンは、ハードラップの周辺に付きまとい続けていた。ハードラップは、ニールセンの金づるになっていたのだ。彼は、自分の生活費を切り詰めてまで、ニールセンに金を渡していた。当然、ハードラップの妻ベネットはニールセンを嫌っていた。ニールセンの言い分はまったく違っていた。彼は、ベネットがハードラップを操って、事件をやらせたのではないかと匂わせていた。

シュミット博士は、ニールセンが何らかの心理的影響力によってハードラップをそそのかし、銀行強盗をやらせたのではないかと睨んでいた。ハードラップに真実を話させようとしたがダメだった。ハードラップは、ニールセンをかばい続けたのだ。

そこで、シュミット博士は最後の賭けに出た。彼は、ハードラップに関する精神鑑定の結果をハードラップ自身に知らせ、このままでは、一生精神病院で過ごすことになると伝えた。ハードラップの心に変化が起きたのはその直後だった。それまで真実を語ることに頑なに抵抗し続けてきたハードラップは、自らペンをとると、捜査担当官に十八ページに上る手紙をしたため、自分の身に起きたことを告白したのだ。

そこにはハードラップの不運な半生とともに、ニールセンとの異常なかかわりが綴られていた。

絶望した理想主義者がすがったもの

ハードラップは、元々育ちのいい、純粋で理想主義的なところのある若者だった。だが、そんなお人よしの性格が災いして、第二次大戦中、彼はナチスの片棒を担ぐことになり、終戦後の裁判で十四年の刑を受ける。刑務所に送られたハードラップは、すっかり絶望していた。そんな彼が刑務所で出会ったのが、ニールセンだった。

ニールセンは、ハードラップとは異なり、犯罪にどっぷり染まった狡猾な男だった。ニールセンは、ハードラップが精神的な不安を抱え、救いを求めていることに気づくと、自分は東洋の神秘思想に通じていて、ヨガや瞑想にも詳しいからと、その手ほどきをするようになる。ハードラップはすっかりニールセンを信用し、彼の弟子となって一緒に瞑想し、呼吸法を実践するようになる。そうすることで、「神と一体になれる」というニールセンの言葉を信じたのだ。さらに、ニールセンは、ハードラップに催眠術を試みるようになる。そこからわかったのは、ハードラップがとても催眠術にかかりやすい体質だということだった。先にも述べたように、純粋で、人を信じやすい人は、催眠術にもかかりやすい。ニールセンは、毎晩のようにハードラップに催眠術を施した。

催眠術をかけられるということは、施術者の意のままになることに自らを委ねるということだ。繰り返し同じ施術者から催眠術をかけられると、いっそう催眠にかかりやすくなり、心理的にコントロールされやすくなる。催眠を施す人は、もっとも善意の人でなければならない。その意味で、ハードラップは最悪の相手を、催眠の施術者として選んでしまったことになる。

その手紙での告白以降、ハードラップは、自分がニールセンの意のままに操られていたことを認めるようになる。それで、一気に事態は急展開するかと思われたが、一通のクリスマスカードが、その流れを止めてしまう。それは、シャバにいるニールセンから、ハードラップに送られたものだった。再び、ハードラップは口をつぐんでしまったのだ。ニールセンの支配が、いまだに続いているとしか考えられなかった。

そこで登場するのが、コペンハーゲン記念病院の精神科医ポール・ライター博士である。ライター博士に白羽の矢が立ったのは、彼が催眠術のエキスパートとして知られていたからだ。ハードラップは、ライター博士のもとに送られる。ライター博士は、ハードラップに催眠を施すことによって、ニールセンからの支配を打ち破ろうとした。だが、試みはうまくいかなかった。心理検査の結果は、ハードラップが極めて被暗示性が高く、催眠にかかりやすいことを示していたにもかかわらず、どうしても完全なトランス状態に移行することができなかったのだ。ハードラップが意識的に抵抗しようとしているというよりも、無意識レベルの抵抗が起きているようだった。催眠状態に移行しそうになると、おぞましい記憶が押し寄せてきて、ハードラップは覚醒してしまうのだ。

考えられる理由は、ハードラップの無意識の領域に、いまもニールセンの支配が及んでいるだけでなく、他のものがそこに近づけないように、ニールセンが「鍵」をかけてしまっている可能性だった。

こうした現象は、以前から知られていた。催眠術者は、トランス状態において、自分以外の者が催眠をかけようとしても指示に従わないように命じることで、たとえ別の誰かが催眠をかけようとしても、うまくいかないということが、起こり得るのだ。

ハードラップの場合、ニールセンから繰り返し催眠術を施され、強力なラポール（心的交流の土台となる信頼関係）ができていた上に、ニールセンは、万一ハードラップが逮捕されたときに備えて、他の者の意のままにならないように、念入りに暗示をかけていたのである。

破られた「鍵」

しかし、ニールセンが陰でハードラップを操っていたということを証明するためには、この「鍵」をこじ開けて、ハードラップの無意識を解放し、ニールセンがハードラップに何をしたのかを明らかにする必要があった。

膠着状態を打開するため、ライター博士は、奥の手を使うことにする。強力な抗不安作用をもつ薬剤シトドンを注射したうえで、催眠に導入しようとしたのだ。すると、激しい抵抗が起き、ハードラップは恐怖に駆られたように叫んだが、突如、深いトランス状態に入った。ついに、鍵をこじ開けることに成功したのだ。

ライター博士は、何度も何度も催眠に導入し、ついには薬剤の助けを借りずに、ハードラップを催眠状態に誘えるようになる。ニールセンの支配から、ハードラップの心を奪還したのである。

こうしてハードラップは、ニールセンから何をされていたかを、逐一語り始めた。ニールセンは、ハードラップに特別なパワーが手に入るようになると言って、毎晩のように催眠術にかけた。ニールセンは、ハードラップを催眠術の練習台にして、その技を磨いたのだ。

最初は簡単な指示によって、ハードラップの手足の動きや感覚を、思いのままに操って楽しんでいるだけだったが、そのうち、ニールセンは、ハードラップを思いのままに操る手の込んだ方法を使うようになる。ニールセンは、自分が「守護天使」の意思を伝える代弁者「X」だと、ハードラップに信じ込ませた。そして、守護天使の意思を実行することは、神のミッションであり、定められた運命なのだと思い込ませたのだ。

こうして、ニールセンの言葉は、逆らえない神の思し召しとなったが、同時に、ニールセンは、その代弁者に過ぎなかった。ニールセンは、巧妙にも、「守護天使」の存在について他人に話してもいいが、代弁者「X」については、決して口外してはいけないと、ハードラップに命じた。ニールセンは、ハードラップを思い通りに操りながら、自分は、決して表に出ずに〝安全地帯〟に身を置くことができたのである。

途中まで、催眠術ごっこはハードラップの心をおもちゃにして、気慰みをするくらいのことだったのかもしれない。だが、根っからの犯罪者であったニールセンが、自分の操り人形となったハードラップの利用価値に気づかないわけがなかった。

シャバに出ると、ニールセンは、もっともらしい理由をつけて、ハードラップのもっているわずかな金を巻き上げるようになった。ハードラップが出所するときにもらった慰労金七百クローネの金も、そっくり差し出させた。ハードラップが機械工として働きだすと、二百クローネの週給も巻き上げた。

ハードラップの家族は、騙されていることを、どうにかわからせようとしたが、ニールセンが、「天上の王国では家族など無意味だ」と言って、家族を捨てるように命じると、その通りにした。

ニールセンが、ハードラップに、自分が選んだ女と結婚するように命じると、ハードラップはその命令に従った。結婚式の前に、ニールセンは、それが神への献身だと言って、自分が花嫁と寝ることを認めさせた。花嫁は、ニールセンの正体に薄々気づいて、夫に、ニールセンとの付き合いを断つように忠告したが、夫は聞き入れなかった。

ニールセンは、小金を巻き上げるだけでは飽き足らなくなり、ハードラップに銀行強盗をやらせることにする。さすがにハードラップが二の足を踏むと、ニールセンは、一緒に瞑想をしたり、催眠をかけたり、「守護天使」がそれを望んでいると言って説得したりして、ついにハードラップをその気にさせる。

それでも、一回目の犯行の当日、ハードラップが躊躇したため、ニールセンは、もう一度一緒に瞑想し、気持ちを奮い立たせねばならなかった。犯行は成功し、奪った二万一千クローネを、ハードラップは指示された場所に隠した。もちろん、それはニールセンの懐に収まった。

半年もすると、その金を使い果たしたニールセンは、また、ハードラップにたかり始める。もっとニールセンに金を渡せるように、家賃の安いアパートに変わるようにとさえ命じた。もちろん妻は反対した。すると、ハードラップは、離婚すると言って妻を黙らせた。それも、ニールセンからの指示だった。

それでも足りないかのように、「神への献身」を試すと言って、もう一度ハードラップに妻を差し出すように言う。妻はもちろん拒否した。ニールセンが無理やり妻と関係している横で、ハードラップは何もせずに黙って見ていたという。

ニールセンは、新たな銀行の襲撃計画を立てる。いざという時に、妻が後ろで手を引いたように見せかけるために、銀行の周辺の地図を妻に描かせるようにハードラップに指示していた。その上で、ハードラップにあの事件を起こさせたのだ。

こうしてライター博士は、ニールセンが、ハードラップを操って犯罪を行わせていた全容を明らかにしたのである。だが、それをどうやって、証明すればいいだろう。裁判で、そのことをどうやって陪審員に納得させることができるだろう。ことに壁となったのは、催眠術から醒めた後でも、果して行動のコントロールが起きるのかということである。

証明された催眠後効果

ライター博士は、諦めなかった。催眠がかかった状態でなく、催眠後の状態であっても、マインド・コントロールが起きることを証明するために、彼は次のような実験を行った。

ハードラップに催眠をかけ、「P」という言葉を聞くと、トランス状態に入るように指示した。そして、催眠から醒めて、まったく無関係なことをしているとき、突如「P」と囁いたのである。すると、その瞬間、ハードラップは、トランス状態に入った。ときには、ハードラップが収容されている監房に電話をして、ハードラップが電話口に出るなり「P」と囁いた。その瞬間、ハードラップは、電話を取り落とし、そのままトランス状態に入ったことが確認された。

こうした事実を積み重ねて、ライター博士は、ハードラップの犯行が、ニールセンのマインド・コントロールによるものであることを証明しようとした。ライター博士の法廷での証言は、七時間にも及んだ。

裁判は、ニールセンの関与を認め、ニールセンに終身刑を言い渡した。だが、ライター博士の努力もむなしく、ハードラップも生涯精神病院に収容されることになった。

この事件は、いくつかの点で、世間のみならず専門家をも驚かせた。一つは、催眠状態ではなく催眠後の覚醒状態であっても、催眠中に与えられた指示によって、行動がコントロールされるということである。しかも、その効果は、かなりの長期間持続したことになる。

もう一つは、本人にとって道徳的、信条的に望まない行為であっても、巧みに操ることによって、その壁を突破することができるということである。

関心を示した諜報機関

事件がマインド・コントロールの結果であるといち早く見抜き、マインド・コントロールの被害者を救おうとしたシュミット博士やライター博士の努力が、CIAなどの情報機関の関心を惹きつけ、逆にその「悪用」に拍車をかけることとなったことは、実に皮肉なことである。

それより以前の大戦中から、催眠を諜報活動や謀略に利用できないかというアイデアは、米軍の一部にあった。催眠によってコントロールしたドイツ人によって、ヒトラーを暗殺することはできないかということを、戦略軍務局（OSS）は真剣に考えていたという。そのために、アメリカで最も権威のある精神科医や催眠術師が招集され、意見聴取が行われた。だが、彼等の一致した見解は、当時の定説に従うもので、たとえ催眠状態でも、思想信条に反する行動を行わせることは、強い抵抗を生み、うまくいかないだろうというものだった。つまり、暗殺者としては、ナチスに反感をもつ人を選ぶしかなく、それならば、わざわざ催眠をかける必要などないということになる。

それで一旦話はお流れになりかけたのだが、そこに一人の催眠術師が現れて、自分なら、可能だと言いだした。そして、実際に、ある実演をして見せたのだ。

彼は二人のアメリカ兵に催眠をかけ、一時間以内にここに戻ってくるが、その途端に足が我慢できないくらい痒くなると、暗示を与えた。一方、部局のお偉方に来てもらい、何が起きるか見届けるように依頼した。まさかお偉方の前で、下士官がみっともない真似をするはずがないと、誰もが思っていた。

一時間して二人が戻ってきた。席に着くや、二人はもぞもぞとやりはじめたと思うと、そのうち我慢しきれないように靴を脱いで、ぼりぼり足を掻きはじめた。立ち会った者は、上官に対する言語道断な無礼に憤るのも忘れて、これは使えるかもしれないと、思ったという。

それから、さまざまな試みが行われた。その中で中心的な役割を担ったのは、アメリカ軍の軍医、J・G・ワトキンスだった。彼は、催眠をかけた兵士たちを、自在に操って見せた。兵士は、目の前にいるのが敵だと言われると、実際には、相手が上官であっても、猛然と躍りかかっていった。あまりにも暗示の力が強力だったため、止めさせるには、三人がかりで引き離さなければならなかったほどだ。

さらに、効力が期待されたのは、訊問の場面においてである。ワトキンスは、被験者を催眠にかけ、質問をしているのが被験者の上官だと思い込ませることで、どんな情報でも容易に聞き出すことができることを、公開実験の場で示した。ワトキンスは、陸軍婦人部隊の隊員に催眠をかけ、極秘情報まで喋らせそうになったので、慌てて上官が実験を中止させねばならなかったほどだ。

こうして催眠の安全保障における重要性が見直され始めたのである。

ヒプノティック・メッセンジャーの可能性

催眠によって、そんなにも容易に情報を取り出したり、行動をコントロールすることができるとすると、それに対する対抗策が必要になってくる。当時は、東西冷戦の最中で、東側は、すでに西側の兵士やスパイを捕えると、そうした方法を駆使して、安全保障にかかわる情報を手に入れたり、釈放された兵士やスパイを、自分たちの操り人形として西側に送り込んでいる可能性があった。

どうすれば、こうした危険に対応し、国家機密を守り、スパイが敵側のロボットになってしまうのを防げるだろうか。ハードラップの事件は、その問題を解くカギを、CIAなどの情報機関に提供することともなった。ニールセンが、ハードラップに対して行ったように、その人の無意識に鍵をかけ、アクセスできる人を制限すればいいのだ。

この奇抜とも言えるアイデアは、すでに大戦中の一九四三年に、コルゲート大学の心理学教授ジョージ・H・エスタブルックスによって提唱されていた。「ヒプノティック・メッセンジャー（催眠にかかった使者）」と呼ばれるものだ。情報機関の工作員は、催眠にかけられた上で、極秘の情報を与えられ、特定の人物が合言葉となるフレーズを言ったときだけ、その情報を思い出すことができるというように鍵をかけてしまう。そして、催眠をかけられたことは忘れるように指示される。

催眠から覚醒した工作員は、自分が教えられた極秘情報のことはおろか、催眠をかけられたことさえ記憶にないので、たとえ敵側に捕まって、拷問や訊問を受けても、極秘情報のことを思い出しようがない。仮に敵が、工作員に催眠をかけ、情報を引き出そうとしても、「鍵」を開けるための特定の人物の情報や「合言葉」がわからなければ、どうすることもできない。

ＣＩＡのグルと呼ばれた男

このアイデアは、あまりにも突飛だったため、まともに取り上げられることなく、放置されていたのだが、デンマークの事件によって、もう一度その可能性が現実味を帯びると、ＣＩＡなどの情報機関は、再び関心を向けるようになった。その中心人物が、ＣＩＡのブルーバード計画の責任者を務めていたモース・アレンである。アレン自身、催眠の腕にかけてはグルとも言える域に達し、数々の伝説を生み出した。

彼は元々催眠に関してはズブの素人だったが、あるときから催眠に関心を持つようになり、自ら師について習い始めた。そのとき師となった催眠術師から聞かされた話が、一層彼の興味と意欲を掻き立てることになった。その話というのは、こうだった。

その催眠術師は、若い女性と性的な交わりをもとうとするとき、相手をその気にさせる目的でもっぱら催眠術を使っているというのだ。あるオーケストラの女性演奏家と関係した時も、その方法が用いられた。かれは相手の女性に催眠をかけ、トランス状態に誘導したうえで、彼が彼女の夫であり、彼女は彼とセックスしたいと思っているという暗示を与えた。催眠誘導を行うのに絶好のチャンスは、家に向かうまでの間の時間で、こっちを向いて話しかけるようにと、抵抗のない指示を与えるところから始めて、段階的に催眠に導入すれば、後はいいなりになった。この方法で、彼は週に五回ほど、彼女と関係していたという。

アレンは、この催眠術師から手ほどきを受けると、CIAの女性秘書たちをモルモットに使って、さっそく〝実験〟にとりかかった。最初は、たわいもない指示を与え、秘書の女性の手足を麻痺させたり、勝手に手足を動かさせたり、催眠を施されたことを忘れさせたりして面白がっていた。そのうち、筋が良かったアレンは、めきめき腕を上げ、まるでメスメルのように、指を鳴らしただけで、秘書たちを催眠状態に導入することができるようになる。そして、さらに高度な技術に挑戦し始める。

その一つが、先に触れた「ヒプノティック・メッセンジャー」の可能性を試みることだった。

彼が行ったある実験では、ＣＩＡの男性職員を催眠にかけた上で、安全保障にかかわる質問を受けたときには、深い昏睡状態に陥るという指示を与えておいた。催眠から醒めた男性は、さまざまな質問をされる。通常の質問には普通に答えていたが、金庫の暗証番号を尋ねられた途端、眼球を裏返して意識を失ってしまったという。

また、催眠をかけた女性職員にコードネームを与え、それを決して漏らさないように指示しておいた。催眠から覚醒した後、訊問をしてコードネームを聞きだそうとすると、彼女はきっぱりと拒否しただけでなく、ずばり自分のコードネームを言い当てられても平然と否定し、「そんなの初耳だし、偽物だ」と言ってのけた。

本人の信条や道徳観念に反するようなことでも、行わせることができるかという課題にもアレンは挑戦した。敵方の人間をマインド・コントロールするためには、その壁を突破する必要があるからだ。

その点でもアレンは、催眠術師としての力量が、あのジル・ド・ラ・トゥレット博士の学生たちよりも格段に上であることを証明した。学生たちと似て、いささかふざけた方法だが、彼は、取り澄ました女性秘書たちに催眠をかけ、ＣＩＡのカクテルパーティーで、初対面の男たちといちゃついたり、指示した相手とダンスをするように暗示を与えたのだ。秘書たちは、男たちと踊りまくっただけでなく、膝の上にいきなり坐ったりして周囲を驚かせた。

だが、アレンが行ったのは、そうしたおふざけだけではない。謀略工作や諜報活動に、すぐに結びつくような数々の実験を成功させている。

彼は催眠状態に導入した女性秘書に、電話の相手がコードネームを口にすると、ただちに金庫のおいてある部屋に向かい、そこから極秘情報を盗み出し、それをトイレで別の秘書に手渡すという込み入った指示を与えた。

もちろん女性秘書は、そうした指示の存在はまったく自覚していないし、そうした行動自体が、重大な犯罪行為となる危険もあるので、通常は実行を躊躇う行為である。実際の実験は、みごとに成功した。電話で話をしていた秘書は、コードネームを囁かれた直後から、躊躇なく行動にとりかかり、「任務」を遂行したのである。

催眠状態で高まる記憶力

催眠に取り組むうちに、アレンが気づいたことの一つは、催眠状態におかれた人が、通常ではあり得ないほどの記憶力を発揮することだった。催眠状態におかれると、被験者は込み入った指示や膨大なデータを苦もなく記憶し、一字一句たがわずに思い出すことができた。しかも、それをかなり長期間保持しているようだった。

ただし本人は、自分がそうした記憶をもっていることすら気づいていない。再び催眠状態になったときだけ、その記憶を取り出すことができるのだ。合言葉を決めて鍵をかけておけば、それを知る者だけが、その情報にアクセスできる。合言葉を口にするのは、必ずしもアレン自身でなくてもよかった。実際、アレンは、誰が合言葉を囁いても鍵が解けるように指示を与え、その方法が機能することを確かめている。

もう一つのアレンの重要な発見は、催眠状態にあっても、一見すると通常と何ら変わりなく行動することができる人が少数存在するということだ。このタイプの人たちは、催眠がかかったままであるにもかかわらず、普通にやり取りし、一見普通に行動をすることができた。そのため、その人がトランス状態にあることには誰も気づかない。

アレンは、このタイプの人を利用すれば、「人間カメラ」に仕立て上げることができると考えた。催眠状態のＣＩＡの女性秘書を、外国の大使館やさまざまな要人の参加する席に送り込み、そこで見聞きした情報をすべて彼女の無意識に記憶させる。その情報は、後から逐一取り出すことができるというわけだ。ただし、この方法が実践で使われたという記録はない。そこまで安定的に運用できるという信頼性までは獲得できなかったようだ。

天才ミルトン・エリクソンと催眠

このように、催眠が非倫理的な目的や方法で用いられようとしたことは、大変不幸なことであった。諜報機関のみならず、巷では催眠をショーとして行う芸人まで出て来て、催眠術はますます怪しげなトリックか、腹話術や声帯模写と同じような芸とみなされてしまうありさまだった。まかりまちがって治療に用いたりすれば、それだけで、まともな治療者とはみなされなくなってしまった。

しかし、そうした風潮の中にあって、敢えて催眠を治療に用いる人もいた。そうした人物の一人が、ミルトン・エリクソンである。ちなみに、同じエリクソンでも、アイデンティティ理論の生みの親であるエリック・エリクソンとは別人である。

ミルトン・エリクソンは精神科医であったが、天才的な催眠療法家でもあった。しかも、彼の天才は、催眠という狭い方法にとらわれることなく、もっと幅広く無意識を動かす技法を生み出したことにある。エリクソンは、催眠や暗示を用いた、さまざまな新手法を編み出し、それを実際に治療に使った。エリクソンの開発したさまざまなテクニックは、今日も広く応用されている。

エリクソンは、解決志向アプローチの先駆者としても知られているように、とにかく問題の解決を優先するというスタンスをとった。フロイトのように、それがどういう意味をもつかといった分析には関心をもたなかった。

また、一般の心理療法のように、受容や共感することによって気持ちを支えるということにも縛られなかった。もちろん、受容や共感が役に立つときには、それを活用したが、それが役に立たない状況では、相手が面食らうようなきついことを敢えて言ったり、ちょっと躊躇うようなことをするように指示したりした。

ある意味、問題の解決に役立つのであれば、どんな手段でも用いたと言っても過言でないほどだ。催眠もその一つにすぎなかった。ときには、非常識と思われるような型破りの方法も、平然と用いた。それが、数々の伝説を生むことにもなった。

だが、その根本にある考え方は、心理療法の大家であるカール・ロジャーズなどとも通じるところがある。エリクソンと同じウィスコンシンの田舎で育ったロジャーズは、来談者中心療法と呼ばれる今日のカウンセリングの手法の基礎を築いた人物であるが、彼のカウンセリングの根本原理は、問題の答えを一番知っているのは本人であるということだ。カウンセラーの役割は、その答えにたどり着けるように、できるだけ本人の思考の邪魔をしないで、本人の話を聞くことなのである。

答えを知っているのは、本人だという点では、エリクソンも同じ確信を抱いていた。エリクソンが自ら、あるセミナーで語った次のようなエピソードは、彼の心理療法の目指すものをよく表している。

高校のとき、エリクソンは友人と学校から帰っていた。そこに、突然どこかから逃げ出した馬が、猛スピードで走ってきた。馬は、二人の前を駆け抜けると、農家の裏庭に入り込んだ。馬を取り押さえたものの、どこの馬かわからない。そのとき、エリクソンは、手綱をもって馬に飛び乗った。表の通りまで出ると、馬はしばらく駆け、また脇道や畑に入ろうとする。その都度、道に引き戻してやるということを繰り返しているうちに、馬は四マイル（約六・四キロ）ばかり走ったところで、一軒の農家に入っていった。すると、中から農夫が飛び出してきて、「どうして、ここがわかったんだ」と驚いた顔をした。エリクソンは、答えた。「馬が知っていたんです」と。

ただ、その答えに行きつく方法という点では、ロジャーズとエリクソンは、大いに異なっていた。ロジャーズは、本人の話に共感的に耳を傾けることが、最短の方法だと信じていた。それに対して、エリクソンは、本人の意識の領域で、いくら言葉をやり取りしても、それには限界があると考えていた。「答えを知っている」と言っても、その答えは、しばしばその人の潜在意識の中に眠っているのだ。それを取り出し、行動の変化につなげていくためには、潜在意識に働きかけることが必要だった。

彼が催眠を使ったのは、無意識の力を活用するために他ならなかった。エリクソンは、ユングと似て、無意識には問題を解決する力があると考えていた。意識のレベルや理性のレベルでは、二律背反の対立でしかない問題も、無意識のレベルに深く降りていけば、対立を乗り越えられる本当の答えに出会えるというのだ。つまり、その人が本当は何を望んでいるか、それを一番知っているのは、理性という余計なものに縛られない無意識だということだ。その無意識にアプローチする方法の一つが、催眠であった。

しかし、催眠という方法を用いても、エリクソンは指図するという方法を好まなかった。エリクソンは、治療者は、決して自分の考えや信念をクライエントに押し付けるべきではないと考えていた。催眠という方法を用いつつも、いわゆるマインド・コントロールとは対極を目指していたのである。

悪用されるエリクソンの技法

エリクソンという天才は、そのたゆまぬ努力によって、精神分析や従来の催眠治療とは、また違う角度から、潜在意識にアプローチする技法を編み出していった。その技法は大変効果的で、心理臨床のみならず、さまざまな方面に応用されている。

残念ながら、中には、エリクソンの意図とはまったく正反対な方向に応用されていることも少なくない。今日、怪しげな人心誘導術やコミュニケーション技法として紹介されているネタのかなりの部分がエリクソンに由来する。そのことさえ知らずに、流布されている場合もある。その用い方は、エリクソン本人が聞いたら怒りだしそうな、乱暴で、単純化したものであるが。

エリクソンは、実際こう述べている。

「あなた自身の技法を開発しなさい。他の誰かの技法を使おうとしてはいけません。……私の声や抑揚を真似しようとしないで下さい。あなた自身のものを見つけるのです。自然なあなたでいなさい。人が人に対して反応しているのですから。……私も人の真似をしてみようとしたことがあります。めちゃくちゃでした！」（ウィリアム・ハドソン・オハンロン『ミルトン・エリクソン入門』森俊夫、菊池安希子訳）

しかし、エリクソンの願いとは裏腹に、彼の追従者たちは、自分の技法を開発することよりも、エリクソンの技法を研究し、模倣することに熱心だった。というのも、エリクソンの技法があまりにも優れていて、しかも効果的だったからである。

エリクソンが治療のために開発した技法は、日常生活や社会生活においても活用できることは確かで、マインド・コントロールの技法としても、応用できるものだ。それらの技法が一般にも知られることは、そうした知識をもたないことを、逆に危険にさらしていると言えるかもしれない。

ダブルバインドによる誘導

たとえば、エリクソンが使った技法の中で、一般にもかなり知られているものの一つにダブルバインドがある。何かをやってほしいとき、それをやるかやらないかではなく、やることを前提とした選択肢を用意して、質問するというやり方だ。選択肢が提示されるのだが、どちらを選んでも、結局同じ結果に誘導されることになる。

この技法は、営業や販売などでも応用されている。まだ車を買うかどうか迷っている客に、「このオプションはお付けしましょうか？」とか、「ボディの色は、白がお好みですか。それとも黒がお好みですか」と、話を進めていくやり方だ。

この場合、車を買うことを前提として、その先の選択肢に客の関心を向けてしまう。そうすることで、買うか買わないかで迷っていたところから注意が逸らされ、細かい好みについて検討し出しているうちに、いつのまにか買うことが既成事実化してしまう。

このテクニックはなかなか強力で、それまで何度も引っかかっていても、また性懲りもなく、同じ手に引っかかってしまう。しかし、これがダブルバインドという技法だと認識すると、このセールストークには、簡単には引っかからなくなる。相手の手を知ることが、免疫をもつことにつながるのだ。

ダブルバインドはさまざまな場面で使うことができる。たとえば、子どもに勉強をさせたいときに、露骨に「勉強しなさい」と言ったところで、あまり効果はない。強要されたと感じると、人は本能的にそれに抵抗しようとする。こうしたときに、ダブルバインドの技法を使って、

「国語と算数と、どっちからやろうか？」「宿題、ママと一緒にやる？　それとも、一人でやる？」と訊ねると、子どもは、大抵どちらかを選び、すんなりと勉強に取りかかれる。

少し抵抗が強そうな場合には、「宿題、おやつを食べる前にやる？　それとも、おやつを食べてからやる？」といった具合に、選択肢に譲歩した案を盛り込んだり、逆に、「宿題するのと、お風呂掃除するのと、どっちがいい？」といった具合に、選ぶ気にならない選択肢を入れ込んだりする場合もある。

とにかく、「〜する」と答えさせることが重要なのだ。自分から「する」と意思表明をすると、行動への抵抗は突破されたも同然なのである。

ダブルバインドは、インプリケーション（言外の意味）と呼ばれる技法の一つである。人間の心は不思議なもので、何かをするように直接言われると、命令されたと受けとり、心に抵抗を生じてしまう。しかし、間接的に仄《ほの》めかされたり、それを前提に話されたりすると、抵抗が生じにくい。

たとえば、大学受験を控えた高校生の息子が、勉強もせずに、ぐうたらしているとしよう。それで勉強しろなどといったところでムダである。だが、「来年の今頃は、こんなふうに家族でゆっくりもできなくなるな。大学一年が一番忙しいって言うからな」という言い方をしたとしよう。

この言葉は、本人が大学に合格しているということを前提にしている。別に非難でも命令でもないので、心に抵抗は生じにくい。心に素直に届きやすい。この一言で、本人は、自分が大学生になっている状況を、一瞬イメージするだろう。それと同時に、向かい合うことを避けていた不安、大学に不合格になるかもしれないとか、模擬テストが近づいているとか、未知の大学生活への心配や期待といったものが、ないまぜになって脳裏をよぎるだろう。

また、「こんなふうにゆっくりしている」とか「大学一年が一番忙しい」という言葉から、自分がゆっくりしていることに対する焦り、もっと忙しく頑張らなければという思いが刺激されるだろう。

潜在意識とは、連想の巣窟のようなものだ。さりげない些細な言葉であれ、その人の琴線をさりげなくかき鳴らすことで、放って置いても、波紋が広がっていく。それが、行動に変化を生むのだ。行動の変化を引き起こしたければ、理詰めで説得するような働きかけ方とは、まるで違う働きかけも必要なのである。

エリクソンのもとに、それまで改善が非常に困難だった十代の少年が紹介されてやってきたことがある。エリクソンは少年の話をよく聞いた後で、ただこう言ったという。「きみの行動がどんなふうに変わっていくのか、想像もつかないね」と。

エリクソンの言葉は、少年が変わるということを前提にしていると同時に、決めつけることも避けている。この言葉を聞いた少年は、はっとしたはずだ。自分の行動が変わるということ、しかも、それが専門家の予測さえ超えたものだという言葉と一緒に提示されたことで、抵抗を感じるよりも、むしろプライドをくすぐられただろう。そして、それは少年の潜在意識に届いただろう。

実際、たったそれだけの言葉がきっかけとなって、その少年の行動は変わり始めたのだという。理詰めの説得よりも、些細な暗示を与える言葉が、その人の人生を変えるということは、しばしば経験することである。

現実に筆者が出会うケースでも、そうしたことは日常茶飯事に経験する。話をきいた言葉の端々に、変わろうとする意思を微かでも感じたら、そのことを指摘して、「きみはもう変わり始めている気がするな」といった言い方をしたりする。すると、実際に変化はより着実なものに加速していく。

抵抗を取り去る技法

先にも述べたように、エリクソンは、本人の主体性を大事にした人だった。抵抗しているクライエントに何かを押し付けるということを極度に嫌った。実際、人間というのは、押し付けられると思わず抵抗してしまう性質をもっている。

ただ、必ずしもそうでない人もいる。依存性パーソナリティの人は、むしろ強引な人や押しの強い人を好む。命令や押し付けに逆らえず、相手の言いなりになりやすいだけでなく、自分に命令し強引に振る舞う人に敬意を抱きさえする。

そういう人は、まだ日本人に多い。自信たっぷりに語る人に、日本人は騙されやすいのだ。とはいえ、そうしたタイプの人はせいぜい半分くらいだろう。残りの人は、強引に言われれば言われるほど警戒して、もっと抵抗するに違いない。この抵抗は、ある意味で、自立の表れであり、健全なものだと言えるが、それが強過ぎても、自分を顧みることを困難にしたり、人の言うことを聞かずに、みすみす大失敗する場合もある。

本人の考え方や行動の仕方を、もっと良い方向に変えたいと思ってアドバイスしても、本人が押し付けられると思って聞く耳をもたなければ、どうすることもできない。こういう場合、どうすればいいのだろうか。

もっともまずいのは、抵抗する相手とまともにぶつかってしまうことである。説得しようとすればするほど、相手も頑なになって反発し、しまいには感情的な口論や争いになってしまい、余計に溝が深まることになる。

エリクソンの技法は、こうした抵抗をできるだけ避けようとした。ダブルバインドも、抵抗を和らげ、取り除く技法の一つとして生み出されたものだった。というのも、抵抗を避ける上で大事なことは、断定的な決めつけた言い方をしないことだからである。

たとえば、エリクソンは、催眠においても、通常使われる「瞼が重くなります」といった断定的な言い方はせずに、「あなたはトランス状態に入っていくこともできる」とか「だんだん深く入っていくでしょう」という具合に、他の可能性も許容する言い方を好んで用いた。「～することもできる」「～するでしょう」「～するかもしれない」「～しそうだ」といった言い回しだ。

実際、使ってみればわかるが、断定した言い方で決めつけるよりも、相手はそれを受けいれやすく、しかも、その言葉は影響力をもつのである。

自分の意志の弱い、依存的な人になら、力強く言い切った断定調の言葉が頼もしく感じられ、影響力をもつということはある。だが、自分の考えをもっている人の場合、断定した言い方をしても、強い抵抗に遭うだけだ。むしろ断定を避けた言い方にした方が、感情的な抵抗が生じない分、心に届きやすいのである。

「今勉強しないと、後悔するぞ」と決めつけた言い方をすると、大抵は強い反発心を呼び起こすだけで、行動の変化にはつながらない。同じことを言うのでも、「今勉強しないと、後悔するかもしれないよ」と、結論を押し付けない言い方をした方が、抵抗が減り、心に波紋を引き起こす力をもつ。

たとえば、「勉強しないと、大学に落ちるぞ」と脅かすよりも、「頑張れば、A大に合格できるかもな」と、ボソッとつぶやいた方が、言葉自体に対する抵抗や反発は、ずっと小さくなる。控えめな言い方だが、その方が、感情的な反発も起きないので、心にスッと入るのだ。

しかも、この言葉の言外の意味としては、今のままでは、A大には合格できないということが匂わされている。こうした間接的で、曖昧な言い方の方が、無意識にまで届くのである。

特別、何も変わるわけではないように見えて、そのうち、その子は前より勉強に熱心に取り組み始めるかもしれない。行動が変わり始めるのだ。これが、無意識レベルに働きかけるということなのだ。

二章で、イエス・セットという技法について触れた。相手が、イエスと答える質問をしていくことで、信頼性が高まり、最終的な質問にも、イエスと答えるように導くという技法だ。これは、営業や勧誘にも、しばしば応用されているが、このイエス・セットの生みの親も、エリクソンである。それもまた抵抗を突破する技法として生み出された。

とにかく、相手がノーと答えてしまうことを極力避け、イエスと答えるようにもっていくことが、相手の抵抗をなくし、本音にアプローチしたり、決断を左右することにつながるのだ。エリクソンが、断定的なニュアンスを消すために、付加疑問文をしばしば使ったのも、そうした意味からである。

たとえば、「彼と別れたいと思っていますか?」と直接的に質問する代わりに、「彼と別れたいと思っていませんよね?」と訊ねるのである。あるいは、「彼と別れたいと思っている?いや、そんなことはないよね」と、自分が言ったことを、自分から打ち消すのである。そうすることで、相手が「いえ」と否定し、心に抵抗が生じるのを避けることができる。

明確に語られた言葉の方が、はっきりとしたメッセージが伝わり、力をもつ場合もあるが、それは、ある程度、問題に向き合って、考えが意識化されている場合である。

しかし、問題に向き合うのを避け、言い訳ばかりを考えているようなときには、問題をズバリ指摘されると、ますます強い抵抗を生じ、それを否認してしまう。断言せずに、むしろ、打ち消す言い方にした方が、「実は……」と、隠れた気持ちが浮かび上がってきやすい。その場では、何も起こらなくても、時間が経つにつれて、「別れたい」と思っている自分に気づくかもしれない。無意識に語りかけるとは、こういうことなのである。

相手の抵抗を利用する技法

抵抗を避けて、相手を動かしていくのにエリクソンがよく使った、さらに上級のテクニックがある。それは、相手の抵抗する力や動きを、逆に利用して相手を動かすというものである。合気道の達人のように、相手の力や動きに逆らうのではなく、それをうまく取り込むことで、抵抗を突破するのである。

たとえば、相手の人が「あなたとなんか話をしたくない」と拒否的な態度をとったとしよう。それで、意気消沈して、何も言えなくなったり、「ちゃんと話をしろよ」と、無理やり何か言わそうとしても、相手の信頼を獲得することも、心を開くこともできない。

「話したくない」と抵抗する力を味方につけるには、どうしたらいいだろう。

少し距離のある存在の場合には、相手の抵抗を、相手への肯定的な評価に結び付け、そこから話のきっかけをつかむことができる。

たとえば、「話したくないか……。きみは、なかなかはっきりものを言うね。意志がしっかりしてて、いいねえ。昔から、そんなふうにきっぱりした性格だった？」と、いった具合にだ。

もっと距離が近い存在の場合には、話したくないという抵抗に共感することで、突破口を開くこともできる。

「話したくないか……。きみがそう言いたくなるのも無理ないよな。きみのこと、うまく守れなくてゴメン。ボクが悪いんだよ」という具合だ。

「話したくないか……。もしかして怒ってるの。何か嫌なことがあったのかな。ボクに悪い点があったのなら、遠慮なく言ってほしいな」と、背後にある相手の感情に共感するのも有効な方法だ。

さらに、もう少し高度な、描写というテクニックを使って、相手の視点をこちらサイドに向け、局面を打開することもできる。

たとえば、「話したくないか……。そう言われると、何も言えないな。だって、そうだろう。話したくないって言ってる人と、話すことなんか、誰にもできないだろう。でも、困ったな。どうしたら、いいのかな。どうしたらいいか教えてほしいくらいだよ」と、こちらの困っている状況を描写して、こちらの立場に視点を切り替えさせ、同情をひきながら、話の糸口を見つけることもできる。

どちらも、相手が抵抗していることを、否定的には受け止めず、むしろ敬意を払っているということだ。抵抗は、抵抗すると、さらに強化されるが、そのまま受け入れられ、敬意を払われると、逆に弱まる。こうした揺さぶりをかけると、最初は頑なに抵抗していた人も、無血開城に至るものだ。

コントロールしないコントロール

このように、相手を操作するという場合、大きく二つのアプローチがある。一つは、相手を支配下においてしまい、主体性を奪って、思うがままに操作するやり方であるが、もう一つは、本人の主体性を尊重し、選択権をもった存在として認めたうえで、結果的にその行動を操作する方法だ。もちろん、その中間段階があるわけだが、相手の感情や意思決定、行動に影響を及ぼす方法は、この二つを両極として理解することができる。

多くの場合、「マインド・コントロール」と呼ばれる状態は、前者を指す。相手を完全に依存・従属させ、操作する側の顔色や機嫌、反応によって支配し、思うがままに操るわけだ。一方に、見捨てられる恐怖や攻撃、否定、暴力といったムチを用意し、もう一方に、承認や賞賛、身体的、物質的褒賞といったアメをぶら下げ、両側から身動きを奪う。自分で考え、判断できないように、外部の情報や他者との接触を制限し、狭い世界に閉じ込めようとする。カルト宗教などに入ると、カルトのメンバー以外との交友を絶つように言われるのは、そうした操作の邪魔になるからだ。

しかし、一般に広く行われるようになっている人心操作の技法は、こうした一見して明らかな（ただし、コントロールされている本人は除いて）マインド・コントロールではない。まったく逆に、本人の主体性や意思決定を最大限尊重するというスタンスをとる。そのために、中立的な善意の第三者であるという立場をとろうとする。

なぜ、このように変わってきたかと言えば、これまでの多くの研究と実践の積み重ねにより、今では、そうした方法をとった方がはるかに効率よく、より多くの人に影響を与え、必要な行動に導くことができるということが明らかとなっているからだ。

たとえば、そうした中で劇的に変わったのは、保険商品の売り方だ。生命保険の営業をする場合、かつては、押しの強いセールスマンやセールスレディが玄関口で何時間も粘り、帰ってもらうには、契約するしかないと相手が諦めるまで、しゃべり続けるという手法が中心だった。その当時は、そして今でも不動産業界などにはその名残があるが、セールスマンと言えば、口が達者で、押しが強く、相手に何も言わせずしゃべり倒す人が多かった。

ところが、今日では、そうした営業スタイルは、顧客だけでなく会社からも嫌われるようになり、営業マンの研修では、「お前がしゃべるな」「売ろうとするな」と、徹底して指導される。顧客にもっとしゃべらせて、聞き役に回れ、売る気を見せるなと叩き込まれるのだ。昔ながらの営業スタイルでやってきた人は、ついお客を説得しようと、しゃべりたくなってしまうが、その度にNGを出される。

顧客に、こちらの売りたい商品を買うように説得するのではなく、むしろ、顧客の話に耳を傾け、共感し、顧客にとって何が一番必要か、そのニーズを徹底的に把握することに力を注ぐ。そして、それを整理する手助けをしていけば、自ずと何が必要かが明らかになるだけでなく、顧客の方から、それに適した商品はないかと言ってくる。売ろうとしなくても、自分から買いたいと言い出すのだ。

中立的な善意の第三者として、相談に乗る中で、相手のニーズを完全に把握するだけでなく、相手の信頼を獲得するという方法は、相手を強引にコントロールしようとしたり、無理やり説得しようとする方法よりも、ずっと成功率が高い。

特に今日のように、他者に対して警戒心が強く、他者からの押し付けに対しては拒否反応を起こす個人主義の時代にあっては、強引に説得しようとするスタイルは適さないのだ。

営業の最終的な目的が、商品を買ってもらうことだとすれば、買うように一言も勧めなくても、是非売ってほしいと言わしめれば、それは目的通りの行動に導いたことになる。つまり、一見何の人心操作もしていないように見えて、結果的に、狙い通りの行動を起こさせている。これは、より高度な人心操作の技術を駆使した結果だと言える。

この方法を忠実に守り、実践すれば、もっとも安全かつスムーズに相手に接近し、相手の行動に影響を及ぼすことで、目的の行動へと動かし、しかも、ニーズをしっかり満たすことで、その後も良好な関係を維持し、関係を発展させることもできる。

恋愛や社交の場においても、このスタンスは、安全かつ有効なアプローチの方法である。自分の下心や本当の関心を気取られることなく、善意の親切な第三者として奉仕するというスタンスが、目的達成にもっとも効果的なのである。自分を下手にアピールしたり、売り込もうとしたりはせずに、相手の盛り立て役やサポート役に回ることに徹する。そうした態度が信頼を生み、相談を受けたり、頼みごとを聞いたりするうちに、自然と親密さが醸されていく。

社交の場であれ、営業の場であれ、相手に、目先の利益のためではなく、中立的な善意の第三者として、自分の困っていることやニーズをしっかり受け止め、一緒に考えてくれるというスタンスを示されると、そこに信頼が生まれやすい。その場合、もっとも重要な前提となるのは、中立性ということだ。中立であるからこそ、親切は意味を持つ。営業担当者に、絶対売る気を見せてはダメという指導を徹底するのも、そこに理由がある。

第五章　マインド・コントロールと行動心理学

マインド・コントロール技術はロシア革命から

マインド・コントロール技術の一つの源泉は、前章でみたように、催眠や暗示によって、無意識にアプローチする方法であった。それにより巧みに理性のチェックをすり抜け、知らず知らずのうちに相手に支配力を及ぼしていく。

だが、マインド・コントロール技術には、もう一つ重要な源泉がある。それは、無意識ではなく行動に働きかけるアプローチである。それは、行動主義心理学とか行動心理学と呼ばれる。この方法は、簡単に言ってしまえば、アメとムチによって、お望みの行動パターンや思考パターンを、自在に作り出す「行動の成形手術」である。それは、既成の価値観や人格を消し去るという意味で「洗脳」と呼ばれる技術にも直結していた。

催眠術や暗示によるマインド・コントロールの方が古い歴史をもつのだが、近代的なマインド・コントロールの歴史は、実は、こちらから始まった。そしてその起源は、革命によって社会主義体制となったロシアに由来する。帝政を倒したものの、まだ旧勢力の伝統や考え方は、ロシア社会に根強く残っていた。革命を真に持続的なものにするためには、大衆や旧勢力の「思想改造」が重要な課題になったのである。

しかし、いくらそうした政治的ニーズが差し迫ったものだったとしても、それに応える技術がなければ、どうすることもできなかっただろう。だが、まさに打ってつけの新しい技術が、ロシアで誕生していた。それは、イワン・パブロフという一人の天才生理学者によって見出された。ご存じのようにパブロフは、犬に餌を与える前にベルを鳴らしていると、ベルを鳴らしただけで、犬は涎を垂らすようになるという条件反射を発見したことで知られる学者だ。

日夜研究にいそしんでいたパブロフは、ある日、クレムリンの革命政府に呼び出される。パブロフが恐る恐る伺候すると、現れたのは、革命の父レーニンだった。レーニンは、研究内容について訊ね、熱心にパブロフの犬の話に耳を傾けたという。レーニンは、「実に魅惑的だ」と感想を述べると、パブロフにクレムリンにしばらく客人としてとどまり、これまでの仕事の概要をまとめるように依頼する。

パブロフは、三か月がかりで、四百ページの報告書にまとめ上げ、提出した。ほっとする間もなく、パブロフは翌日呼び出された。何とレーニンは、たった一日でそれを読んだのだ。彼はとても感激した様子で、「これで革命の未来が保証された」と語ったという。

パブロフは、彼のための研究所と潤沢な資金を与えられ、思いのままに研究するという特権を享受する。自由に海外に行くことも許され、旧ソビエトでは異例の待遇を受けた。パブロフの研究は、それほどに特別なものであり、革命の達成に貢献したとして評価されたのである。

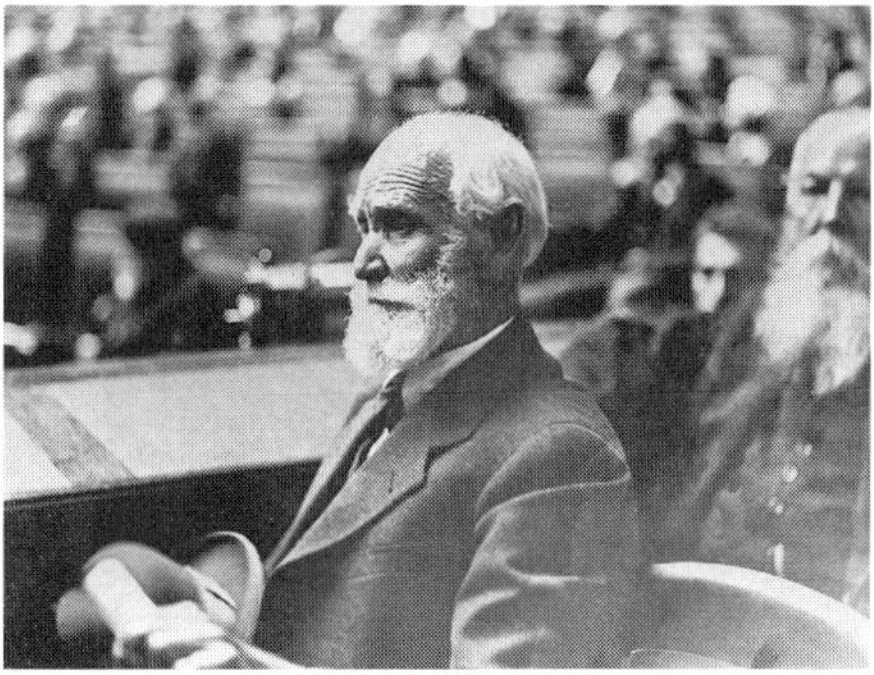

イワン・パブロフ（@amanaimages）

条件付けの原理と活用

パブロフの研究のいかなる点が、それほど高い評価を生んだのだろうか。そのことを理解するためには、パブロフの研究の概要を、もう少し知る必要がある。パブロフの発見は、決して、ベルを鳴らすと犬が涎を垂らすということに終わるものではなかった。その先に、もっと重要な発見があったのだ。

餌を与える前に、ベルを鳴らすという操作をすることは、条件付けと呼ばれる。条件付けを行うと、元来生理的には無関係な刺激（ベルの音）によって、生理的に関係する刺激（餌）に対するのと同じような反応が起こるようになる。これが、今日、古典的条件付けと呼ばれる行動の操作技法である。

条件付けは、連合学習だとも言える。本来は無関係な二つの事象が、何度か同期して起きると、関係づけられるようになり、もともと無関係だった刺激によって同じ反応が引き起こされるようになる。脳に自動的な回路が形成されることによる。

こうした条件付けは、さまざまな状況で意図せずに生じている。たとえば、地下鉄に乗っているときに、突然体調が悪くなるという経験をしたとしよう。すると、地下鉄に乗ることに不安を感じたり、乗ろうとするだけで体調が悪くなったりする。実際に体調が悪くなった原因が他にあったとしても、「地下鉄」という条件と結びついてしまうことで、地下鉄に乗ることを想像しただけで、不安を覚えるようになる。

ある生徒は、英語の授業中に教師から叱られた。以来、英語がすっかり嫌いになって、勉強しようとしても、どうしても手につかなくなってしまった。叱られるという不快な体験と、英語という条件が結びついてしまったのだ。たとえ、叱られたことが英語と直接関係のないことであっても、英語そのものが嫌いと、短絡的な関係づけが行われてしまう。これも古典的条件付けの一例だ。

条件刺激はトリガーとなり、ある反応を引き起こす。何がトリガーかがわかれば、悪い反応を防ぐことにつながる。逆に、良い反応が起きるトリガーを活用することで、パフォーマンスを向上させることができる。

何となくうまくいきそうだとか、何か不吉な気がするという場合、過去に条件づけられたサインを感じ取って、成功と失敗の兆候を感じていると言える。成功を信じることで実際に成功しやすくなり、失敗するのではと弱気になることで、実際に失敗してしまうということは、しばしば起きることである。

こうした条件付けをうまく利用することで、気分や意欲をコントロールすることができる。そのためのポイントは、成功や良い結果と結びついた条件を、積極的に生活に取り入れることである。行動の記録を取り、物事がうまくいっていたとき、していたことを特定し、それと同じことをするように心がける。うまくいったときに聞いていた音楽を聴くのもいいし、服装や筆記用具などにこだわるのもいい。

せっかく物事がうまくいっているのに、そのやり方や生活習慣を変えてしまったために、成功パターンを見失ってしまうということもある。

この原理を、他の人の行動や心理状態をコントロールするのに応用することもできる。その基本は、生活や行動をパターン化し、次の行動や思考に切り替わるときには、合図となる刺激を与えるということだ。決まった音楽を流す、ベルを鳴らすといったものは、広く用いられている。

条件刺激を〝安定剤〟として用いることもできる。たとえば、物事がうまくいっているときに、決まった言葉をかけたり、笑顔でボディ・タッチをするようにしておく。それによって、その言葉や動作は、好調さや安心感と結びついた条件刺激となる。その上で、本人が落ち込んでいるときや弱気になっているときに、同じ言葉を掛けたり、笑顔でボディ・タッチをすることで、安心感を取り戻させることができる。

ところが、現実に多くの人がやってしまう間違った対応は、物事がうまくいかなくなると、接し方や対応を、うまくいっているときとは、ガラリと変えてしまうということだ。そうすると、ますますその人は拠り所をなくして、悪い反応に陥っていくことになりやすい。

うまくいかないときも、うまくいっていたときと同じ反応を、やり取りの中で行うことで、自分は見捨てられていない、大丈夫だという安心感を与えることができる。

等価的段階と逆説的段階

この条件付け操作も、マインド・コントロールにおいては、重要な技術となるのだが、洗脳ということに関していうと、実は、もっと重要な発見をパブロフは行っていた。ベルの音と犬に関するパブロフの実験には、さらに先があったのだ。

ベルを聞くと、餌を与えられたときと同じように、唾液を垂らすようになる段階を、パブロフは「等価的段階」と呼んだ。

しかし、一旦条件反射が成立した後、ベルを鳴らしても餌を与えたり与えなかったりして、一貫性のない対応をすると、次第に唾液を垂らすという反応も気まぐれで予期できないものになっていく。ベルの音を聞いても反応したりしなくなったりする。しかも、小さなベルの音に強く反応したり、大きな音に、あまり反応しなかったりと、反応が反対になる傾向もみられる。このことから、パブロフは、この段階を「逆説的段階」と呼んだ。

逆説的段階は、混乱状態だと言える。それまでのルールや枠組みが当てにならなくなり、進むべき方向や信じるべきものを見失い始めている。既成の価値観や思考様式にゆさぶりをかけるのに、この状況が有用だということは、すぐ予測がつくだろう。

先ほど述べたように、予測された出来事が〝安定剤〟として作用するのとは逆に、意表をついた出来事は不安を高める。実際、洗脳では、一旦、〝安定剤〟に依存させておいて、それを急にわざと与えないことで、不安に叩き落とすのだ。

突然そうした状況に陥ると、本人は混乱し、何が悪かったのかと自分を振り返ったり、責めたり、相手の気持ちを推し量ろうと、もっとびくびく相手の顔色をうかがうようになる。

そんな心理状態をしばらく味わわせ、緊張が高まりきったところで、何が気に入らないかをほのめかす。不安な心理状態におかれているだけに、この不安定な状態を解消できるのなら、喜んで妥協し、相手のいいなりになる。

これは、気まぐれで支配的な人物が、依存的な人を支配する典型的なパターンでもある。この場合、支配する側の人物の、機嫌の良い反応が〝安定剤〟となっている。そして、支配されている人物は、いつの間にか、この〝安定剤〟に依存するようになっている。それを維持するためには、愚かしいまでの努力をして、相手に尽くすということも起きる。

この「逆説的段階」は、一見不可解な行動を理解したり、行動パターンを操作するうえで重要だと言える。だが、洗脳ということを考える場合には、さらにその次の段階に進まねばならない。

条件反射を消す方法

その驚くべき発見は、まったくの予期しない出来事によってもたらされた。幸運な偶然というよりも、不幸な災害といった方がよいだろう。一九二四年、レニングラードは大洪水に見舞われたのだ。パブロフの実験室も被害を免れなかった。大量の水が流れ込み、実験用に飼われていた犬たちも、機材や飼育カゴも浸水し、犬たちは逃げることもできず、あっぷあっぷ溺れかけたのである。そこへ間一髪、助手の一人が実験室にたどり着き、犬たちを救い出すことができた。

洪水が収まって、実験を再開しようとしたとき、パブロフたちは奇妙な事態が起きていることに気づく。ベルの音を聞いても、犬たちは反応しない。何度やっても同じだった。何と一旦獲得した条件反射が消えていたのだ。水に溺れかけるという衝撃的な出来事が、条件反射を消去してしまったと考えられる。

実際、パブロフが、もう一度、条件付け操作をし、条件反射が起きるようにしてから、また同じように部屋に水を注ぎこんで、生命の危機にさらされるという状況を作ってみると、やはり、獲得されたはずの条件反射は消え去っていた。

単に学習させた条件反射が消え去るだけでなく、他にも奇妙なことが起きることに気づいた。犬の性格が、まったく正反対に変化するということが、しばしばみられたのだ。とても大人しかった犬が、乱暴で、すぐに人を噛むようになったり、逆に、乱暴だった犬が、とてもおとなしくなったりした。

心的外傷体験によって、以前の条件付けが消去されるだけでなく、それとは真逆ともいえる状態が生じる現象を、パブロフは、「超逆説的段階」と呼んだ。

パブロフの研究が、ソビエトにおける洗脳技術の発展に果たした役割を研究した精神科医ウィリアム・サーガントによると、生存にかかわるような外傷体験によって、それまで信じてきた行動様式や価値観がまったく役に立たない事態に直面する中で、それが逆転してしまうような反応が誘発されるという。

信じてきたものが壊れたとき、別人のように振る舞いだすということは、しばしば経験することであり、サーガントの説明は、臨床的な実感と一致する。

極限状態に追い詰められることが、いい意味でも悪い意味でも、振る舞い方を百八十度変えるきっかけとなるのだ。言い方を変えれば、瀬戸際まで追い詰められたとき、既成のプログラムが解除され、プログラムの書き換えが起きやすくなるということだ。

操作的な「洗脳」においても、自発的な「改心」においても、何らかの極限状態が大きなきっかけとなったというケースは非常に多い。逆に言えば、極限状態がなければ、そうした価値観の逆転は起こりえないとも言える。

洗脳を目的として発展したさまざまな方法に共通するのも、過酷な極限状況にその人を追い詰めていくという点である。短い睡眠時間、乏しい栄養、孤独で隔絶された環境、不規則で予測のつかない生活、プライバシーの剝奪、過酷で単調なルーチンワーク、非難と自己否定、罵倒や暴力による屈辱的体験、苦痛に満ちた生活、快感や娯楽を一切許されないこと、理不尽で筋の通らない扱い等々。これでもかこれでもかと、苦痛と屈辱と不安が与えられる。

たとえば、禅宗の修行でも、導師が弟子に対する接し方は、極めて理不尽で、ほとんど無意味な虐待に近いという。その理不尽さと虐げることに意味があるのだ。新しい境地にたどり着くには、もっともらしい知識や肩書など何の役にも立たず、赤子のように無力だと感じる極限状況が必要なのだ。

宗教的修行と洗脳が、紙一重の行為であり、解脱も洗脳も、そこで起きていることは、既成の価値観の消去だという点では共通するのである。

古典的条件付けからオペラント条件付けへ

こうした条件付け操作を、さらに巧みに駆使することで、行動パターンを変えたり、モチベーションを高めたり、嗜癖を治したりすることも可能である。

パブロフの条件付け操作は、ある条件刺激を、ある反応に結びつけることによって条件反射の回路を作るもので、古典的条件付けと呼ばれる。古典的条件付けは、もともと存在する生理的反応（たとえば、食物を見ると、唾液が出る）や情動的反応（傷つけられると怒りが湧く）を、条件付けした刺激によって引き起こすというものである。涎が湧いてきたり、怒りにとらわれるという反応自体は生得的なものであり、反応自体を作り出すわけではない。

人間の行動を操作することが可能だというパブロフのアイデアは、多くの人にインスピレーションを与え、もっと幅広い行動に対しても応用できるのではないかという気運と野心を生むことになる。

パブロフの研究がアメリカにも伝えられ、そこで誕生し発展したのが、行動主義と呼ばれる新たな心理学の領域である。「行動主義の父」と呼ばれるジョン・B・ワトソンやその後継者バラス・F・スキナーが、一時代を画すことになる。彼らは、パブロフの理論をさらに推し進め、オペラント（操作時）条件付けと呼ばれる方法を確立していった。スキナーに至っては、自分の方法を使えば、どんな反応でも自在に作り出すことができ、行動パターンや人格さえも、望みのままにデザインすることができると豪語した。

オペラント条件付けの原理は単純である。好ましい行動をしているときには、ご褒美（心地よい刺激）を与えて正の強化をはかり、一方、好ましくない行動をしたときには、罰（不快な刺激）により負の強化をはかるのである。たったそれだけのことを、首尾一貫して行うことによって、好ましい行動が増え、好ましくない行動が減る。

オペラント条件付けは、オペラント学習や強化学習とも呼ばれるように、学習として理解することもできる。環境に適合した行動を学習することにより、行動の変容が起きるのである。

オペラント条件付けは、ナメクジのような単純な神経系しかもたない生き物でも、効果を発揮する。だが、逆に人間のように高い知能をもつ生き物の場合には、うまくいかない場合もある。知的作用や感情的作用が、オペラント条件付けの邪魔をする場合があるのだ。つまり、条件付け操作がうまくいくためには、叱ったり、失敗の原因をあれこれ詮索したりしない方がいいのだ。機械的に淡々とトレーニングを繰り返すことで、行動を自動化し、行動パターンの変化を自然に引き起こす。

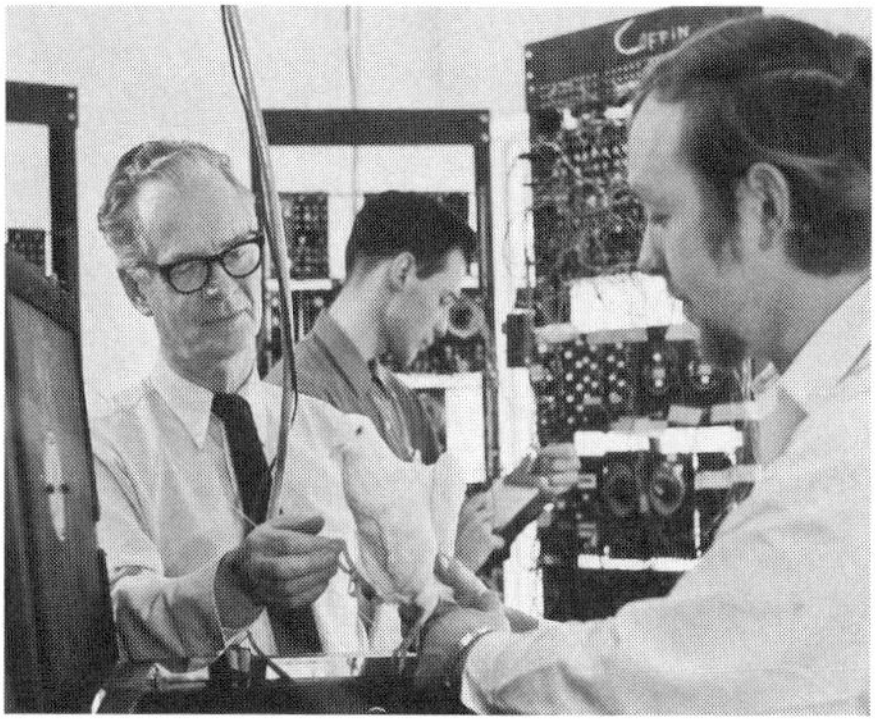
バラス・F・スキナー（左 @amanaimages）

オペラント条件付けが失敗するのは、感情的に叱ったり説教することで、かえって当人が意地になり、期待される行動とは反対のことをしようとしたり、余分な緊張が生じることによる。また、負の強化が強すぎて、それが強い罰になり過ぎても、感情的な問題を生じ、うまくいかない場合がある。

適切に行うと、オペラント条件付けの効果は、凄まじいばかりである。

ワトソンは、子どもの嗜好を簡単に替えてしまえることを、実験的に示した。十一か月の子どもに、慣れた白ネズミを与えて一緒に遊ばせた。白ネズミはすぐに、子どもの友達になった。親しみを恐怖に変えるのは簡単だった。白ネズミがベビーサークルにやってくるたびに、不快な音を聞かせる操作を数回繰り返すと、子どもは白ネズミを見ただけで、もう泣き顔になった。好き嫌いという嗜好さえ、簡単に左右してしまえるのだ。

この例もそうだが、行動主義は、あまり人間的とは言えない一面をもつ。実際、行動主義心理学は、人間の心というものを完全に無視した。行動となって表れているものが全てだと考えたのである。スキナーに至っては、自分に一人の子どもが与えられたら、どんな性格にでも作り替えることができると言った。

スキナーの影響が強かった頃、アメリカの一部の刑務所に、オペラント条件付けによる行動修正が採り入れられたことがある。「正しい」行動をすれば、ご褒美が与えられるというところまでは、まだ良かったのだが、そうでない行動をした場合に、独房に閉じ込めたり、体を拘束したりするといった罰の方がエスカレートしてしまった。囚人や人権擁護団体の猛反発へと発展し、結局、無残な失敗に終わった。

だが、かつての精神病院では、もっと忌まわしいことが行われていた。患者が反抗する度に、電気ショックを施すのだ。そうした方法が、もう少し治療的に用いられる場合もあった。遠隔操作できる嫌悪刺激器を腰に取りつけさせ、好ましくない行動を行ったときに、嫌悪刺激として軽い電気ショックを与えるのだ。嫌悪刺激を与える前に、警告としてトーン信号だけを送ることもできる。トーン信号だけで、その行動を控えるようになれば、罰を与えなくて済むからだ。こうした装置は、実際に、自傷行為や攻撃的行動を減らす目的で使われた。行動を修正するという点だけで見れば、確かに効果があった。

ただ、こうした条件付け操作が、本当に、短期間で人間の思想や信条までも変えてしまうことができるのかということになると、半信半疑な面もあった。ところが、鉄のカーテンの向こうでは、驚くべき事態が、すでに進行中だったのだ。しかし、分厚いベールに覆われて、その詳細は長く知られることがなかった。それが単なる空想ではなく現実の出来事だということを、西側諸国の人間が知るようになるのは、一九五〇年代になってのことである。

「別人」になった枢機卿

その先駆けとも言うべき事件が、ハンガリーで起きた。一九四八年の十一月に起きたその奇怪な事件は、一人の男性が日曜礼拝から帰ろうとしたとき、突如、車で拉致されたことから始まった。

行方不明となった男性は、ハンガリーカトリック教会の枢機卿の秘書を務める神学者だった。五週間後、彼は戻ってきたが、明らかに様子がおかしかった。目つきが変で、ぼんやりとしていたが、付き添ってきた警官とは親しげな口を利いた。得意げに警官を地下室に案内し、床の一か所を指さして、ここを掘り返すように言った。

警官が、その通りにしてみると、地中から金属製のケースが出て来た。中には、枢機卿の極秘の書状が一杯詰まっていたのである。それは、長年忠誠を尽くしてきた枢機卿とハンガリーのカトリック教会を、破滅に追い込むものだったが、神学者はしてやったりというように、ニヤニヤ笑っていたという。その日のうちに、枢機卿は、国家反逆罪で逮捕される。

枢機卿が逮捕されたことにも増して、誰よりも忠誠心が篤かった人物が、枢機卿を裏切ったことに、関係者は強い衝撃を受けた。常識では考えられないことが、その神学者の身に起きたとしか考えられなかった。

だが、さらに五週間後、もっと人々を驚かせることが起きる。法廷の被告席に、国家転覆の罪をかぶせられて登場した枢機卿は、まるで別人になっていた。絶えず落ち着きなく前後に体を揺らし、瞼が半分さがった目は、夢遊病者のように虚ろで、生気がなかった。機械のように抑揚のない口調でしゃべり、言葉は途切れがちで、しばしば止まったまま沈黙した。高い教養と優れた知性で知られる人物の片鱗も見当たらなかった。

さらに驚くべきは、彼の法廷での証言だった。彼は、ハンガリーの秘宝として知られる王冠を盗み、それをハプスブルク家のオットーに戴冠しようとしていたことや、共産党政権を倒した暁には、政権を奪うつもりであったという「罪状」を、自ら打ち明けたのである。

それは、枢機卿の従来の行動や価値観とも、まったく矛盾するもので、荒唐無稽といってもいい内容だった。

枢機卿と面会した母親は、息子がもとの息子ではないことに気づいた。枢機卿は、最初、相手が母親であることさえわからなかったという。自分の意志も、自己意識も、感情も失っているようだった。筆跡さえ、以前のものとまったく異なっていた。枢機卿は、まるでロボトミーの手術でも受けたように、主体性も人格も奪われ、言いなりに操られるゾンビとなり果てていたのである。

この事件に関して、催眠による洗脳に注目していたCIAは、催眠によるマインド・コントロールの可能性を疑い、公開されたCIAの極秘資料には、枢機卿に嘘の告白をさせたのは催眠によるものだとし、催眠を行った二人の人物が、ドイツ人のオルソス教授とハンガリーの最も優れた催眠術師フェレンク・ヴェルギェッスィ博士だったとしている。

だが、催眠によると考えるのは、いささか無理があった。指示された特定の行動ならばともかく、法廷でのやり取りを催眠によるコントロールで切り抜けることは現実には難しいからだ。では、何が起きていたのだろうか。

実は、そうしたケースは、さらに以前から、しかも数多く起きていることが知られていたのである。ただ、それはスターリン体制下のソビエトでの出来事だったために、真相はあまり西側に伝わらなかった。スターリンは次々と革命の同志だった人物をありもしない罪状で逮捕し、粛清していったが、驚いたことに、公開裁判の被告席に据えられた被告たちは、まったくのでっち上げの容疑に対して、自分を弁護するどころか、逆に自分を非難し、自分の人格や行動を自ら進んで貶めるような証言を行い、自らを「反逆者」や「殺人者」と呼んで、「一刻も生かしておくべきでない」とか「自分に残された望みは、静かに処刑場に立つことだけだ」と述べ、自らの死刑を強く主張することも少なくなかったのである。

こうした異様な事件の背後で何が起きていたのか、その真相がヴェールを脱ぐのは、もう少し後のことになる。

朝鮮戦争の捕虜たちの身に起きた奇行

ハンガリーの枢機卿の事件から間もなく、朝鮮半島で軍事衝突が勃発した。それは、中国やソビエト連邦に後押しされた北朝鮮軍と、アメリカに後押しされた韓国軍との血みどろの戦争に発展していく。

奇怪な現象が起きたのは、戦線が次第に膠着状態になった一九五三年頃からである。捕虜となったアメリカ人の兵士たちが、不可解な行動をとり始めたのだ。彼らは、中国や共産主義を賞賛し、母国アメリカを非難する広報活動を積極的に行った。しかも、それを強要されてやっているというよりも、自ら進んでやっていたのである。

中でも、注目を集めたケースは、戦闘機が撃墜されて捕えられた数人の海兵隊パイロットたちの行動である。彼らは、アメリカ軍が細菌兵器を使用しているという告発を相次いで行った。その中には、高級将校のフランク・H・シュワーブル大佐も含まれていた。彼は、計画の詳細やかかわった兵士の名前や階級まで暴露し、母国の軍が恥ずべき行為を行っていると非難したのである。この信憑性の高い告発に、全世界は騒然となった。

だが、その後明らかとなったのは、朝鮮戦争では細菌兵器は使われていなかったということである。まったく、事実無根の告発が、捕虜となった兵士によって行われたのである。

すでに兆していた疑問は、朝鮮戦争における捕虜たちの不可解な行動で、ピークに達することとなる。しかも、専門家たちを戸惑わせたのは、彼らが拷問や脅迫のような方法によって、考えを変えることを強要されているのではないということだった。もしそうなら、捕虜から解放されれば、自分の証言が強要されたものであったと暴露することもできたからだ。

だが、実際に起きたことは、まったく違っていた。彼らは、捕虜の身から解放されても、東側のために進んで宣伝活動を続けたり、母国に戻ることを自ら拒否したのである。その姿は、自分を弾劾する裁判の場でも、自ら進んで自分の罪状を過剰なまでに立証しようとし厳罰を望んだソ連の被告たちと、異様なまでに重なった。

以前の自分を完全に否定するほど強力な人格と思想の変容が、しかも短期間のうちに起きたとしか言いようがなかった。ソビエトや中国共産党は、元々の人格を破壊し、思想を思い通りにコントロールする「洗脳」技術をもっているのではないのか。そうした疑惑が強まったのである。

帰還捕虜の調査から明らかになったこと

こうした状況下で、当時「東側」と呼ばれた国々で行われていたマインド・コントロール技術についての調査が極秘裏に行われた。そのうち、もっとも重要なものは、アメリカ政府の要請で、精神科医のローレンス・ヒンクルと、神経学者のハロルド・ウォルフをトップとして、各分野の専門家によって行われたもので、アメリカに帰還した戦争捕虜への面接結果を分析することにより進められた。研究結果は、ＣＩＡの報告書としてまとめられ、ずっと後になって公開された。

それによると、ソ連で行われた一般的な方法の第一段階は、抵抗を取り去る軟化のための期間である。まず、相当な期間にわたって監禁し、まったく一人の孤独な状態に置く。通常、四週間から六週間、外界とのコンタクトは一切遮断され、まったく何の人間的なかかわりもない孤独な状況に置かれる。いつかいつかと待つものの、一向に面接も訊問もなく、捨て置かれる。

自分がもう誰からも忘れ去られたのではないか、誰もが自分のことを見放したのではないか、このまま永久に閉じ込められるのではないか、といった不安や恐怖が湧き起ってくるままにさせるのである。

決まりきったルーチンワーク以外のことは一切許されず、言葉を交わすこと、誰かの質問に答えることもない。ルーチンワークとしては単調で無意味なことが課せられる。例えば、一定の姿勢で壁に向かって立ち続けるといったことである。それを少しでも守らないと、罵声を浴びせられ、乱暴な扱いを受ける。

部屋には窓がなく、自然光に一切触れられないようになっている。人工灯だけが昼夜に関係なく灯っているため、時間さえわからない。それどころか、食事時間や日課の時間も不規則に変動する。三十分後に次の食事が出されるかと思えば、半日も何も食べさせてもらえない。呼び出される時間も、まちまちで予想がつかない。そうすることで、時間の感覚や現実感覚を混乱させるのだ。

食事の栄養は不十分で、室内は寒い。体力的にも弱らせ、精神的な抵抗力を奪うことを意図している。さらに寝心地の悪いベッドや騒音、明るすぎる光によって、安眠を奪うように仕組まれている。

しかも、いつ訊問や過酷な拷問が始まるともしれず、極度に不安な状況に置かれ続けるのである。こうした環境で、一か月程度の時間を過ごすと、大抵のものは、精神的にも肉体的にも疲労困憊し、打ちひしがれ、参ってしまう。めそめそ泣いたり、ぶつぶつ祈ったり、混乱して幻覚を見たりするようになる。ここまで追い詰めたことを確かめたうえで、第二段階に移行する。

次の段階は、完全な支配とコントロールを達成する局面だ。それを達成するための巧妙なテクニックの一つは、答えを教えないことである。たとえば、政治犯や思想犯の場合、自分がどういう罪状で告発されているか、決して教えてもらえない。自分が何の「過ち」を犯したとみなされているかは、わからないのだ。その上で、自分の「過ち」や「罪状」が何かと尋ねられ、それについて告白し、すべてを語るように言われる。口頭で答えさせられる場合もあるが、しばしば使われるのは、文章に書くことである。

一体どのことが、自分の犯した「過ち」なのか、相手がどこまで知っているのかわからないままに、曖昧な事実や自己弁護的なことを書くと、目の前でビリビリに破られ、もう一度書き直すように言われる。どこがダメなのかも一切教えてはくれない。また、前に書いた事実と矛盾することを書いたりしても、怒鳴られたり暴力をふるわれたうえで、もう一度書き直しを命じられる。

内容に嘘や自己弁護があると、失禁するまでトイレに行かしてもらえなかったり、何時間も手を挙げた格好で立たせられたり、プライドを打ち砕くような蔑みの言葉を散々投げつける一方で、自分の非を率直に認める発言をしたときには、賞賛され、タバコやコーヒーをもらえたりすることもある。

何度もそうしたことを繰り返すうちに、書いている方は、何が事実であるかということはどうでもいい問題になり、自分が相手に気に入ってもらえるのには、何を「告白」すれば良いかということばかりを考えるようになる。相手の微妙な反応の違いから、相手が何を求めているかを読み取り、進んでそれに合わせたことを書くようになる。

さらには、ご褒美と罰さえ気まぐれなものになり、これまでなら認めてもらえたようなことに対しても、突然否定されたり、蔑みの言葉が返ってきたりする。一体どうすればいいのか、さらに混乱し、筋道や首尾一貫性などには関係なく、ただ相手の言い分に服従し、言いなりになるようになる。

この段階まで来ると、もはや自分のかつての信条や自分の尊厳さえもどうでもいいものとなっており、ただ、「終わりにしたい」とだけ望むようになる。たとえそれが、自分の有罪を立証する「自白」であろうが、自分の命や名誉を奪う結果となろうが、意に介さなくなる。「自分が完全に服従するまで、決して訊問が終わることはないと悟ったとき、その餌食となったものは、自ら進んで告白をでっち上げ、それを何とか訊問官に信じてもらおうと、涙ぐましいままでの努力をする。その結果、極めて効率的に、自分自身で自分自身の罪を納得するようになる」

しかも、この過程は、意識的なプロセスではなく、止むにやまれない状況で起きる無意識的なプロセスであるため、本人は自分を欺いているという意識をまったくもたない。本人自身が、そのことを必死で信じているのである。

ヒンクルとウォルフの報告書は、なぜ被告たちが進んで、でっち上げられた罪状を自ら証明しようとしたのか、母国や自分のかつての名誉に不利益なことを、敢えて主張するのかということに、かなり納得のいく理解を与えてくれるものだと言えるだろう。

ヒンクルとウォルフの報告書の大きな特徴は、行動心理学的な操作を重んじ、催眠や薬物などによるコントロールはあまり重視していないことであった。

細菌兵器の「存在」について偽の証言を行い、世界を驚かせた先のシュワーブル大佐の場合も、同じ手法によって消耗させられ追い込まれたケースであった。解放を餌に迫られ、小さな譲歩をして情報を渡してしまったのが運の尽きだった。解放の約束など反故にされ、もっと重要な情報を渡せと要求され、偽の証言までさせられることになったのだ。

その後、帰還した大佐自身の回想によると、当時彼は、別の軍事機密を知られることを恐れていた。そのため、事実無根の細菌兵器について訊問が進み始めたとき、むしろ「しめた」と思ったと言う。根も葉もない事実であることは明らかなので、そんな作り事は、どうせ何の役にも立たないし、守ろうとする軍事機密から敵の注意を逸らすうえで、好都合と思ったのだと言う。それは、シュワーブル大佐の合理化した言い分だとみられるかもしれないが、虚偽の証言が作られる心理的メカニズムの一端を示しているだろう。いずれにしろ敵は、彼の作り話をまんまと利用し、反米感情を煽るプロパガンダに活用した。

ただ、シュワーブル大佐の告白は、洗脳を受け、相手の手に落ちたとみられている状態でも、その人の中では、まだ葛藤が続いており、目先の救済と、責務や良心との間で、最悪の事態を避けようとして、ぎりぎりの駆け引きを行っていることを示すものだと言える。マインド・コントロールは、決してゼロか百かというものではなく、境界線上で苦しんでいることがむしろ多いのである。そのことは、彼らが「帰還」できる可能性を示している。

全体主義の心理学

ほぼ同じテーマについて書かれた著作に、アメリカの精神科医ロバート・J・リフトンの『思想改造と全体主義の心理学』がある。一九六一年に出版された同書は、ヒンクルとウォルフの報告書よりも、年代的にはやや遅れるが、公刊されたのは、こちらが先で、大きな反響を引き起こした。

リフトンは、一九五四年から五五年にかけ、二十五人の欧米人と十五人の中国人を対象に面接調査を行った。計四十人は、いずれも中国で捕まり、強制収容所で思想改造を受けた経験をもっていた。当時の中国での洗脳の実態を解明し、そのエッセンスをまとめたのが同書である。

リフトンの著作は、ヒンクルとウォルフの報告書とは少し違った観点から、分析を行っている。その内容には重なる部分もあるが、独自の観点もみられる。

リフトンは、その書の中で、思想改造を推し進める上で大きな役割を果したと考えられる八つの要素を抽出した。

その第一の要素が「環境コントロール」と呼ばれるもので、思想改造に水を差すような外部からの情報や人物との接触を遮断するだけでなく、内面的な思考にまで関与し規制を加えてくる。唯一絶対の政治的ドグマだけが真実であり、それ以外は、すべて否定される。

第二の要素は、神秘的操作である。社会主義に思想改造するのに、神秘的という要素が登場することに違和感をもつ人もいるかもしれない。だが、リフトンによれば、党やその指導者は、特別に選ばれた存在として、ある種の神秘性を帯び、厳粛なオーラをまとって改造される者の前に現れるという。その神秘性の源泉は、高い目的を成し遂げるという〝使命〟に仕えているという強い信念に由来している。そこから、宗教的カリスマと同じような影響力をもつのである。

第三は純粋さの要求である。全体主義のイデオロギーにあっては、完全に純粋であるか、不純であるかの二つに一つしかない。絶対的な善か絶対的な悪しか存在しないのである。そして、全体主義においては、不純であることは、強い罪悪感や恥の意識と結びついている。洗脳を受ける者は、罪悪感と恥の意識に苛まれ、自分の不純性を自ら批判するようになる。自己批判をすればするほど、自分が純化されると考えるからである。

第四は、自己の純化と結びついた「告白熱」である。競うように、自分の「罪」を打ち明け、自己暴露、自己批判をすることが、純化を加速すると同時に、仲間同士で告白を共有することにより、連帯感を高めるのにも役立つ。

第五の要素は、「聖なる科学」としての理念の位置づけである。基本的な前提である理念そのものを疑うことは許されず、畏敬の念を払うべき「神聖」絶対なものとされるが、同時に、それ以外のことには厳密な科学性が求められる。それは、宗教であると同時に科学である「聖なる科学」なのである。それゆえ、それを疑うことは、神を疑うのと同じように「罪」なのである。

第六の要素は、教条主義的な決まり文句の使用である。自由な言語の使用は排除され、完全な善を表す「解放」「人民」「プロレタリア的見地」と、完全な悪を表す「資本家」「ブルジョア」「帝国主義」といった二分法的な決まり文句に、使用される語彙は限定される。それによって、知らずしらず価値観や思考はコントロールされることになる。

第七の要素は、理念が個人よりも高く位置づけられることだ。これは、全体主義の大きな特徴でもあると同時に、カルト宗教にも同じ特徴が見出される。理念は絶対的なものとみなされ、個人の経験や人生よりも優先される。個人はその特性に応じた成長が求められるのではなく、画一的な教条に、誰もが完全に合致することが求められる。

第八の要素は、「生存の免除」という考え方である。全体主義的価値観においては、存在を許された者と、それ以外の者しかいない。理念に一致した完全に善なる存在だけが生存することを許され、それ以外の者は生存を「免除」される。つまり、処刑されるのだ。生存を続ける唯一の希望は、理念に完全に合致したものに生まれ変わることである。中国で執行猶予つきの死刑判決が下されるのは、そうした意味においてである。「死刑、執行猶予二年」の意味は、二年の間に思想改造により、非の打ちどころのない社会主義者にならなければ、生存を「免除」されるということなのである。

オウム真理教の「ポア」の概念は、「生存の免除」というニュアンスをもつが、こうした概念は、決して珍しいものではなく、善か悪かという二分法的価値観をもつラディカルな宗教や思想には広く認められるものだ。

リフトンの著作が図らずも明らかにした重要な事実は、全体主義やファシズムというものが、カルト宗教と極めて似た特性をもつということだ。そして、大きな共通点は、善か悪かの二分法的価値観であり、その独善性である。

皮肉なことに、リフトンがこの著作で警告したことは、非人道的で画一的なマインド・コントロールを防ぐ方向に生かされるよりも、その後、多くのカルト教団において再現されることになってしまうのである。

洗脳技術の開発

その後、アメリカでは、ＣＩＡを中心に、洗脳技術についての研究がひそかに進められることとなる。ＣＩＡが直接手掛けた研究もあるが、外部の研究者に委託して行われた研究もあった。ＣＩＡはしばしば隠れ蓑の団体を介して資金提供を行ったので、研究者の中には、自分がＣＩＡの資金で、洗脳技術に使われる研究をしていることを知らない場合もあった。知らない方が身のためということもあるだろう。

その取り組みが、一九五〇年に発足したブルーバード計画で、翌年にはアーティチョーク計画にコードネームを改められ、一九五三年には、悪名高いＭＫウルトラ計画へと発展する。

ＣＩＡが洗脳研究の拠点としたのが、カナダのモントリオールにあるマッギル大学であったことは、よく知られている。中でも、ＣＩＡが接近し、基礎的研究をバックアップしたのが、心理学の主任教授だったドナルド・O・ヘブ博士である。ヘブ博士は、この領域において、パブロフに並ぶ大きな貢献をすることになる。

ヘブ博士は、脳の発達の研究をしていたが、あるとき、スコットランド・テリアの仔犬を一定期間、現実の世界から隔離すると、異常なことが起きることに気がついた。もとの現実に戻されたとき、仔犬は強い恐怖と発達が逆戻りした状態を示し、危険から身を守ることもできなかった。匂いを嗅ごうとして、炎の中に鼻を突っ込み、焼け死んでしまうものまでいた。現実感覚を失ってしまっていることは明らかだった。

彼の研究は、米英の軍事専門家や情報機関の注意を惹き、ヘブ博士に資金を提供して、今度は人間を実験対象とした研究がおこなわれることとなる。X—38というコード名が与えられた研究が、マッギルの心理学部門の最上階のフロアーの一角で、ひそかに進められた。

感覚遮断の悪夢

実験室には、チャンバーと呼ばれる直方体のカプセルがいくつか作られた。どのカプセルも、完全防音で、横たわることしかできず、しかも被験者は、不透明なガラスで覆われたゴーグルを装着し、分厚い手袋をはめ、手足はボール紙の筒で覆って、一切他のものに触れられない状態にされた。さらに、スポンジ・ラバーの枕に埋め込まれたスピーカーからは、シャーというホワイト・ノイズが聞こえてくるようになっていた。つまり、一切の感覚的な刺激を遮断した状態に置かれるのである。

被験者には、一日二十ドルという当時としては魅力的な日給が支払われ、いられるだけ何日でも過ごすことができた。要求すれば、食事や用便をすることもできた。ただ横になって何もせずに過ごしているだけで、いいお金になる実入りのいい仕事のはずであった。

ところが、実際に実験を開始してみると、それは想像もしないほど過酷な〝仕事〟であることがわかった。二十二人の被験者のうち、二十四時間以上チャンバーに留まることができたのは、わずか半数の十一人で、二日間とどまることができた人は、ほとんどいなかった。被験者たちには明らかに異常なことが起きていた。一人の被験者は、帰宅途中に車をぶつけてしまい、また別の被験者は、トイレの場所がわからなくなった。時間や場所さえわからなくなり、見当識障害や距離感の混乱が生じていたのである。集中力や思考力の障害も起きていた。普段なら冷静に考えられることも、うまく筋道だって考えられなくなっていた。

さらに、何人かの被験者は、ありもしないものが見えたり、存在しないはずの声が聞こえたりした。もっとも早い人では、実験開始からわずか二十分で幻覚が現れた。光の模様が意味のある映像に変わり、夢でも見ているような奇妙で滑稽な場面がありありと見えたりした。ある被験者は、風呂桶に浸かった老人が、頭に鉄兜をかぶり、風呂桶ごと原っぱを滑っていく光景が見えたと言い、別の被験者は、森の中のプールに、裸の女性たちが飛び込んで泳いでいるさまが見えたと言った。

だが、楽しい幻覚のうちはまだ良かった。そのうち、被害妄想に彩られたものに変わり始め、そうした映像を、ヘブ博士が機械をつかって自分の頭の中に送り込んでいるのだと思い込む者まで現れた。中には、いくつもの黒メガネが、自分を視ているという幻覚にとらわれ、恐怖を覚える被験者もいた。睡眠がとれなくなり、寝ているのか起きていて夢を見ているのか、自分でもわからなくなる人が続出した。

ヘブ博士の実験は、感覚遮断が、見当識障害や感覚障害だけでなく、幻覚や被害妄想を引き起こすことを明らかにした最初のものとなる。しかし、それだけなら、精神を破壊することはできても、マインド・コントロールには、あまり役立つ話ではないだろう。

ヘブ博士が、マインド・コントロールの歴史に、とりわけ重要な発見をしたのは、ここから先の部分である。

洗脳の原理の発見

ヘブ博士は、シャーというホワイト・ノイズを聞くか、かなり単調な内容ではあるが、音楽や講義の録音テープを聴くかを、選べるようにした。すると、全員がホワイト・ノイズよりも、録音テープの方を選んだ。テープの内容は、アメリカ民謡の「峠の我が家」が繰り返し流れるものや、株式市況の放送や、六歳児を対象にした宗教の講話などだったが、かなり単調で退屈なものでも、ホワイト・ノイズよりは気晴らしになったのである。

さらにここから、ヘブ博士は、興味深い仕掛けを行う。「峠の我が家」に替えて、超常現象に関するテープを用意したのである。すると驚くべきことが起きた。チャンバーに入る前には、まったく超常現象など信じていなかった人が、チャンバーから出てくると、超常現象に対する見方をすっかり変えていた。中には、図書館に出かけて行って、超常現象について真剣に調べ始める人や実際に幽霊が見えるようになった人までいた！

ヘブ博士の実験は、感覚遮断状態において与えられた刺激は、通常の状態では想像できないほど強い影響力を、人間の精神や脳に及ぼすことを明らかにしたのである。それは同時に、この技術を悪用すれば、その人の思想や考えを、すっかり変えてしまうことも可能だということを示していた。

ヘブは三年半でこの実験を中止する。その後、ヘブと同じ感覚遮断実験をさらに推し進めたのが、ジャック・ヴァーノンというプリンストン大学の研究者であった。ヴァーノンは、ヘブと同じようなチャンバーを使って、同様の実験を行ったが、彼は実験の目的を洗脳に特化した。

被験者に、キリスト教についてのごく退屈な三十分のテープを繰り返し聴くか、イスラム教についての興味をそそる内容のテープを、シリーズで次々と聞くかを選ばせたところ、多くの被験者は、イスラム教のテープを選んだ。そして、チャンバーから出る頃には、すっかりイスラム教に対して、好意的な見方をするようになっていたのである。

情報負荷に左右される脳機能

こうした実験から明らかとなったことは、われわれの脳が正常な働きを維持するためには、適度な量の刺激を必要としているということだ。刺激は情報と言い換えてもいいだろう。入力情報が不足し過ぎると、もはや脳は正常な働きを保てなくなる。

そして、入力情報が極度に不足した状態に置かれると、脳はどんな情報でも取り込み、吸収しようとする。それまで信じていた信念と異なる内容の情報であろうと、抵抗なく吸収しようとする。その結果、それは強く浸透し、それまでの信念に取って代わることも起こる。それは、まさに洗脳の原理を示していた。

洗脳を可能にする原理としては、まったく逆の方法もある。それは情報遮断や感覚遮断とは反対に、過剰とも言える情報や刺激にさらし続けることである。

情報過負荷の状態が続くことによっても、脳は次第に主体的な思考力や判断力を失っていく。最初は強い反発と抗議を呼び起こすような考えであっても、さらにまた同じことを言われ続けると、最初ほど強い反発や抗議を続けられなくなっていく。過剰な情報にさらされた脳は、次第にそれが正しいか間違っているかを判断しなくなり、それを受動的に受け容れるようになってしまうのだ。

孤独に暮すことが当たり前となり、同時に、メディアからの大量の情報に日夜さらされて暮らす現代人は、感覚遮断と情報過負荷という両方の危険に直面していると言える。

記憶を書き換える技術

外傷的な記憶を消し去り、無害な記憶に書き換えることが可能だということを、実際の治療で示したのは、先にも触れたようにフランスの天才ピエール・ジャネであった。彼は催眠を駆使して、症状を引き起こす原因となっている記憶にまで遡り、その記憶を差し障りのないものに書き換えた。

しかし、その後、精神医学は催眠術による無意識へのアプローチという方法を放棄し、自覚と理性の力で、外傷的記憶をコントロールする方向へとシフトした。実際、外傷的記憶を消し去らなくても、それに向き合う作業を繰り返すことで、精神的に動揺することなく、その記憶を受け止められるようになる。

ただ、難点は、それを行うためには大変な労力と時間と技術を要するということだ。誰にでも結果が出せるという簡単なことではない。一年、二年という時間をかけて取り組んでも、必ずしも良い結果がでるわけではなく、逆に悪化してしまう場合もあった。

精神分析や心理療法が、対話によるなかなか報われない治療に取り組んでいる状況に痺れを切らし、もっと手っ取り早く、誰にでも可能な技術で、外傷的な記憶を消し去ったり、もっと有用な記憶に書き換えることはできないのかという思いにとらわれた人が出てきたとしても不思議はない。

その一人が、カナダの精神科医ドナルド・E・キャメロンであった。キャメロンは、イギリスのスコットランドで生まれ育ち、カナダに移住してきた人物だが、非常に優れた知能と野心をもち、ノーベル賞を取ることを夢見ていた。

そんなキャメロンからすると、精神科の治療は、とてもまどろっこしいものだった。患者のたわごとをいくら聞いても、ちっとも症状がよくならない現状にキャメロンは失望し、次第に対話による治療よりも、物理的、機械的な治療に関心をもった。彼が最初に熱意をもって取り組んだのは、電気けいれん療法（ＥＣＴ）であった。

電気けいれん療法は、患者の両側のこめかみに当てた電極に、百ボルト程度の電圧をかけて脳内に通電し、てんかん発作を引き起こすことによって、脳をいわばリセットする治療法である。

これは、てんかん発作が起きると、患者の精神状態が一時的によくなることから思いついたもので、実際、うつ病などの治療に今日も使われている。他に治療法がなかった時代、統合失調症や人格障害などの治療にも用いられた。乱用されたと言ってもいいだろう。

通電すると、患者は白目を剝いて体を弓なりに反らし、そのまま意識を失って大発作（全身けいれん、意識消失を伴うてんかん発作）の状態になる。

通電時の恐怖や不快さを避けるため、今日では麻酔をかけて行うのが普通である。また痙攣によって筋肉などを傷めることを避けるために、筋弛緩剤も投与され、無けいれんＥＣＴと呼ばれる。

逆に、もっとも悪質な使い方は、俗に「低電圧」と呼ばれるもので、てんかん発作が起きるよりも低い電圧で、通電するものである。この場合、てんかん発作が起きないため、意識を失うことなく、脳に大量の電流が流されることになり、被験者は脳が文字通り「火に包まれたような」激しい苦痛と恐怖を味わう。この「低電圧」は、暴力的な患者に対する「懲罰」として用いられたというおぞましい過去がある。だが、それが使われたのは精神医療の場だけではなかった。秘密警察や情報機関にとっては、何の外傷も残すことなく、脳を焼かれるような苦痛と恐怖を味わわせることができるという点で、好都合な拷問の手段となったのだ。

さらに好都合だったのは、ＥＣＴには、健忘（記憶障害）という副作用を伴うことであった。しかも、逆行性健忘といって、脳に通電を受けるよりも前のところから遡って記憶が脱落する。つまり、自分がＥＣＴを受けたことも忘れてしまう。

一回程度の通電では、記憶の脱落が起きるのは、短期間の記憶に過ぎないが、通常、治療効果を上げるためには、数回の通電を行う必要があり、場合によっては、記憶障害の範囲がさらに広がることもある。

このことは、治療的に行う場合には好ましくない副作用であるのだが、情報機関が、不都合な記憶を消したいという場合には、願ってもない手段ということになる。

低電圧で拷問を行い、情報を聞き出した後、より高い電圧で通電して、てんかん発作を起こすという処置を施せば、目を覚ました時には、自分の身に何が起きたか、まったく知らないということが起こり得る。

どんな道具や手段も、使い方次第で、善用もできれば悪用もされる。キャメロンが目指したのは、もちろん患者を治療するという善用の目的であったはずだ。

キャメロンは、ＥＣＴに取り組みながら、あることを思いつく。ある部分の記憶がなくなってしまうということは、副作用と思われているが、本当にそうなのか。この治療によって、患者が良くなるのは、思い出したくない記憶を、頭から吹き飛ばしてくれるからではないのか。もしそうだとすれば、「有害な記憶」を物理的に消し去ることによって、もっと効率よく、治療をおこなうことができるのではないのか。

有害な記憶は、患者の病的な思考パターンと結びついている。有害な記憶を悪いパターンといっしょに消し去った上で、もっと有益な思考パターンを植え込めば、完璧な治療ができるはずだ。

記憶を消し去るには、ＥＣＴという便利な方法があった。それを徹底的に行って、既成の記憶や思考パターンを抹消することは可能だろう。では、その後で、新しい思考パターンを刷り込むにはどうしたらいいか。

そんなときに、キャメロンの目に偶然留まったのが、一つの広告だった。それは、当時売り出されたばかりの睡眠学習装置の広告で、キャメロンは、そのアイデアが、新しい治療に使えるのではないかと閃く。

睡眠学習装置は、マックス・シェローバーというアメリカ人が考案したもので、眠っている間に、学習したいことを繰り返し聞かせることによって、いつのまにか学習が行われるというものである。

その有効性を実証するためシェローバーが行った実験では、サマーキャンプに参加している少年のうち、爪を噛む癖がある二十人に対して、「ボクの爪はひどく辛い」というフレーズを、その装置を使って一晩に六百回聞かせたところ、一か月間のサマーキャンプが終わる頃には、二十人のうち八人がその癖を卒業していた。そのほかにも、知らないうちに外国語が流暢になったといった体験談などが添えられて、大々的に売り出されていたのである。

キャメロンは、シェローバーに商品の内容を問い合わせたが、その単純な原理を知ると、シェローバーから高額な装置は買わず、電気回路に強い助手に命じて、治療用の睡眠学習装置を試作させた。

ECTによる記憶の消去と、睡眠学習装置による思考パターンの再構築というキャメロンの治療法が誕生することとなる。キャメロンは、この方法の前半部分を「パターン除去 depatterning」と呼び、後半部分を「精神的駆動 psychic driving」と呼んだ。既存の有害なパターンや記憶を完全に取り去り、新たなパターンを、杭でも打ち込むように植え込むというのである。

精神的駆動がうまくいくためには、患者ができるだけ受動的になり、繰り返し告げられることを無批判に受けいれることが必要だった。患者の抵抗をさらに奪うためには、キャメロンはLSDやクラレのような薬物を用いた。

キャメロンの病棟は、中世のお城のようなロイヤル・ヴィクトリア病院にあるアラン記念研究所にあった。だが、優雅な外観とは裏腹に、そこで行われる治療は過酷を極めた。病棟に連れてこられた患者は、ECTを立て続けに六回行うシリーズを、一日に二回、それを三十日間にわたって毎日受けることになったのだ。

この過剰なECTの施術によって、患者は記憶を完全に喪失することも珍しくなかった。自分がだれか、ここがどこかは無論のこと、時間や空間の感覚もわからなくなり、幼児のような状態に陥るのである。時間とともに、記憶は少しずつ回復することもあったが、脱落したまま回復しないこともあった。

だが、幼児のような受動的で、白紙の状態に戻すことが、キャメロンが意図するところなのだ。その上で、次の段階である、健全な思考に置き換える操作が行われる。

その前半部分は、問題点についての指摘を、起きているときも寝ているときも繰り返し聞かせ続けるもので、「否定的駆動 negative driving」と呼ばれた。たとえば、「あなたは、誰に対しても打ち解けない。それでは、誰ともうまくやれない」といったフレーズを、繰り返し聞かされるのである。

それが一定期間行われた後、今度は「肯定的駆動 positive driving」に移り、肯定的なメッセージを繰り返し聞かせる。「あなたは他人に対して親しくするのが好きだ。あなたは誰とでもうまくやっていける」等々。

効果をわかりやすくするために、キャメロンは、一つの仕掛けを施した。「床に紙きれが落ちていたら、あなたはそれを拾う」という一文を入れておいたのだ。すると、治療を施された患者たちは、床に紙切れが落ちていようものなら、すぐさま拾うようになった。それとともに、思考パターンや行動パターンに顕著な変化が見られるようになったのである。

キャメロンは、治療を開始してから二年間に、百例を超す患者の「カナダ流の洗脳」に成功したと誇らしげに報告した。キャメロンは、対話によってその人の心の葛藤を取り扱うという面倒なことをしなくても、それを消し去り、健康なものに取り換えることができることを証明できたと思い込んだ。

確かに、劇的に改善したケースもあった。だが、そうしたケースばかりではなかった。キャメロンの方法は記憶障害という副作用を生む上に、もっと厄介な副作用をもたらすこともあった。同じ言葉を聞かされ続けた結果、その言葉が新たな「強迫観念」となって頭にこびりつき、強く生活が障害されてしまうケースも出てきたのである。

特に有害だったのは、「否定的駆動 negative driving」によって聞かされ続けた言葉だった。それによって、もっと自信を失い、一人では何もできなくなった人もいた。治療を受けて何十年も経った後でも、その言葉が頭にこびりついて離れなかったり、紙切れを見ると拾わないではいられないという強迫行為が続いていたりした。

キャメロンは、その後、患者から訴訟を起こされ、その名声は失墜することとなる。

だが、それ以前から、キャメロンの研究は、資金面で困難にぶつかっていた。移民の子で、カナダでの地盤が必ずしも強いわけではないキャメロンの野心的な研究を、積極的に支えようとするスポンサーはあまりいなかったのだ。

そこに接近してきたのが、CIAの外郭組織だった。キャメロンの研究に関心を示し、研究費を支援したいと申し出てきたのだ。将来的な利用価値を考えてのことだった。キャメロンは、出所がCIAだとは知らないままに、資金を受けとり、研究費に充当した。

キャメロンに似た考えをもち、生物学的な治療の可能性を探っていた人物はイギリスにもいた。ロンドンのセント・トーマス病院の精神科を仕切っていたウィリアム・サーガントである。サーガントも、精神分析や心理療法には関心がなく、うつ病や精神病を生物学的な要因による障害と捉え、必要なのは身体的な治療だと考えていた。

サーガントが薬物療法やECTやロボトミーに関心をもったのは、当然の成り行きであった。体も頭も大きく、「人間ダイナモ」の異名をもち非常にパワフルな人物として知られていたサーガントだが、自分自身うつ病に苦しんだことがあり、そのときの経験から、うつ病は単に心理的な問題が原因ではないと考えるようになっていた。

サーガントは、進んで治療困難な症例を引き受け、そうした患者は、彼の専用病棟に集められて、集中的な治療を施された。サーガントは一時期ロボトミーに熱心に取り組んだことがあったが、ロボトミーを施した後で、うつになる症例が少なくないことに気づき、精神病と思われていたケースに、うつ病がひそんでいるのではと考えるようになった。そこで、ロボトミーに踏み切る前には、まずどのケースにもうつの治療を施すことにした。十分な量の抗うつ薬とECTを組み合わせた治療を行って、それでも反応しない時だけ、ロボトミーを行うことにしたのだ。

サーガントのところにやってくる患者は、他の治療者では治せなかったケースばかりだったので、当然、サーガントは、一般の常識を超えた治療を行う必要があった。大量の薬物を投与し、通常よりも頻回にECTを行った。しかし、ECTには、記憶障害などの副作用とともに、もう一つ不快な副作用があった。それは、脳に通電される瞬間の激しい恐怖と脳を焼かれるような苦痛である。ECTを行うことに抵抗する患者も少なくなかった。嫌がる患者を無理やり押さえこんで、電気ショックを与えることは、あまり気持ちの良いものではなかった。

そうした不快さをなくし、もう少し人間的に治療を行えるように、サーガントが考えたのが、患者を眠らせて、ECTを行うことであった。一日のうち、食事や用便の時間以外は、大部分眠らせ、その間にＥＣＴも行うというやり方でやってみたのである。

結果は、とても良いようだった。目覚めるたびに、患者の状態は改善していた。長時間眠ることによって、彼らをとらえていた悪い思考パターンも緩むようだった。さらに、サーガントは、それをもっと適正な思考法に修正しようとした。

サーガントは、相手の気持ちに丁寧に耳を傾けるような人物ではなかった。彼は自分が適正だと思う思考法を、患者に一方的に教え込もうとした。患者が好ましくない発言をすると、それを即座に否定し、好ましい思考法に言い換えた。そして患者が好ましい発言をすると、「よろしい」と満足げに頷くのだった。

患者を十分に受動的な状態に置くことができると、このプロセスは抵抗なく進んだ。患者は、これまでの考え方を捨てて、新しい仕方で思考するようになった。こうしてサーガントが「修正麻酔法 modified narcosis」と呼んだ治療法が確立されることになった。だが、中にはこうした環境に置かれても、抵抗を続ける患者もいた。そうした場合、サーガントは、冷ややかに放置するという罰を与えた。

サーガントの方法の基本原理や手法も、絶対的な受動性を実現することにより一方的に修正を施すという点で、キャメロンの方法と共通していた。その点では、秘密警察や情報機関、カルト団体が行った洗脳技術とも、共通していたと言える。

ただ、その違いは「患者を治療する」という「善意」の目的によるということだけだ。しかし、キャメロンもサーガントも、患者にその方法や目的を説明し、了解を得るという手続を十分に行わなかったという点では、秘密警察やカルト団体と変わらなかった。自分は「治療者」だという驕りが、そこにはあったが、その驕りは、自分は「神」の代行者だという驕りと、何ら変わりはなかった。

副作用も含めて、すべてを説明したうえで行われていれば、事態はもう少し変わっていただろう。

だが、この治療法には、患者が受け入れがたいような、いくつかの重大な問題があった。その一つは、長時間眠らせること自体にあった。当時は原因も定かではなかったが、突然死するケースが少なくなかったのである。血栓ができて、それが血流にのって飛び、肺塞栓症や脳梗塞といった致死的な状態を引き起こしたものと考えられる。

もう一つは、やはり記憶障害である。通常は数回しか行わないＥＣＴを、集中的に数十回も行うことは、重大なダメージを脳に残す危険があった。

サーガントの治療を受けたアン・ホワイトという女性の場合も、顕著な健忘が残った。彼女は、うつは改善したものの、十代の頃の記憶をほとんど失ってしまった。また、彼女は三人の子どもの母親であったが、子どもが赤ん坊だった頃の記憶もなくなってしまったという。彼女は、長年うつに苦しんでいた。子どもを出産する度にうつが悪化し、次の子どもを身ごもると、少しましになった。だが、三人目の子どもを生んだ後、ついに自殺を企図するところまで追い詰められ、サーガントの病棟に送られてきたのだ。

だが、アンは、その後、医学部に進んで医師となっただけでなく、内科学の教授にまでなっている。それは、サーガントの治療が功を奏したからだと言うべきだろうか。それとも、あまりにも過酷な闘病生活が、彼女に元々備わっていた力を呼び覚ましたのだろうか。

東西融和と洗脳研究の衰退

冷戦時代に、洗脳技術への関心とニーズが高まったことは、必然的な結果だと言える。その緊張がもっとも強まったのは、キューバ危機からケネディ暗殺、ヴェトナム戦争と続いた時期であり、五〇年代後半から六〇年代前半にかけて、もっとも盛んだったと言える。

しかし、東西融和による緊張緩和ムードの中で、情報機関による洗脳技術の研究も下火となっていく。一九六四年には、MKウルトラ計画は終了する。その後も、MKサーチ計画として継続するが、予算規模をずっと縮小したものであった。

一九七二年に発覚したウォーターゲート事件は、七四年のニクソン政権の崩壊で幕を閉じたが、この大統領のスキャンダルは、CIAなどの情報機関にも影響し、権力の乱用ややりたい放題の無法ぶりに対して、社会の監視が厳しくなっていく。ウォーターゲート事件の最中、CIAのヘルムズ長官は、MKウルトラ計画など、洗脳技術に関する文書の破棄を命ずるに至るが、その後大統領の諮問委員会は、破棄を免れた文書とともに、調査報告書を七五年に公にした。それは、政府によるマインド・コントロールの研究に、止めを刺すことになった。

こうして、情報機関や警察が、反体制的とみなされた国民を監視し、マインド・コントロールを行うために使う技術の研究は、一旦停滞期を迎えることになる。

その一方で、情報機関や秘密警察のものであったマインド・コントロール技術は、社会学者や精神科医の著作によって、徐々に一般に紹介されるようになる。それとともに、マインド・コントロール研究の主な担い手は、政府から民間へと移ることになる。その成果は社会の表舞台へ出て、信者や顧客、選挙の票の獲得といった大衆をターゲットとしたものとして利用され、新しい展開を見せるのである。

サブリミナル効果

そうした中で、マインド・コントロールの歴史において特筆すべき展開は、サブリミナル効果の発見と実用化であろう。

通常は知覚できないほど瞬間的な刺激が、人間の判断や行動に影響を及ぼす可能性については、十九世紀から提唱され、一部で研究されていた。

だが、そのことが、広く一般の興味を惹くことになったのは、一九五七年まで待たねばならない。その年、ジェームズ・マクドナルド・ヴィカリという市場コンサルタントが、五十人の記者を招いて大々的な会見を開き、実際にサブリミナル映像を紛れ込ませた映画を見せながら、その効果について公表したのである。

ヴィカリが行った「実験」は、『ピクニック』という映画の映像に重ねて、「ポップコーンを食べろ」とか「コーラを飲め」といった文字を瞬間的に映し出し、その効果を調べたものである。それによると、ポップコーンの売り上げは、五七・七％、コーラの売り上げは、一八・一％伸びたという。ヴィカリは、この手法を「サブリミナル」という言葉を初めて使って説明した。

サブリミナル刺激は、自覚的に知覚できないがゆえに、理性によるチェックを素通りして、本能的な欲求を直接刺激することができると考えられた。

折しも、同じ年、アメリカでは、社会学者のヴァンス・パッカードが、広告業者たちが、いかに商品を買わせようと、あの手この手を使っているかの実態を暴露した『かくれた説得者』を出版した。同書は百万部を超えるベストセラーになって、巷の話題をさらっていた。

ヴィカリの発表は、とても時宜を得たものであったと言える。映像媒体を用いたマインド・

コントロールに対する認識を高め、サブリミナル効果として一般にも知られるようになる。

新しい可能性の登場

MKウルトラ計画に代表されるような従来のマインド・コントロール技術は、催眠にしろ、電気ショックにしろ、条件付け操作にしろ、薬物にしろ、共通する一つの限界を抱えていた。隔離や拘束を行い、あからさまに人権を侵害し、さまざまな操作を強要しなければならないということだった。それが、後に物議を醸すことにもなり、非人道的なものとして糾弾を受けたのだ。

その点、サブリミナル効果による方法は、二つの点で革新的だった。一つは、それを被っている人に気づかれにくいという点であり、もう一つは、一度に多数の人に効果を及ぼすことができるということである。マインド・コントロールの新たな手法の登場だと言えた。

サブリミナル効果を露骨に用いた手法は、その後、社会の警戒心が強まるとともに、規制の対象となるが、もっとマイルドな方法で、暗示効果と組み合わせることにより、サブリミナルに影響を及ぼす手法は、現在も広く用いられている。

通常のCMでは、売り込みたい商品とポジティブなイメージを結び付け、それを繰り返し流す。ライバル候補を攻撃するネガティブ・キャンペーンでは、邪悪で不快な映像や音楽を背景に用いることで、敵対する候補とネガティブなイメージを結び付けようとする。

直接言葉にして、このライバル候補は、邪悪な人物だと言わないとしても、そうしたイメージと結びつけることで、聴く者の脳にそのメッセージを強力に届けることができる。これらの効果も、理性のチェックをすり抜け、直接、情動の中枢に及ぶという意味で、サブリミナルな作用をもつと言える。

だが、サブリミナルな効果を活用するためには、テレビ局や映画の配給会社に大金を支払って、CM枠を買い取る必要があったし、広告代理店に、同じくらい大金を出して、巧みにイメージを操作するCMを制作して貰わねばならない。しかも、公共の電波やメジャーなメディアに乗せて流布しようとすれば、当局のチェックも入る。

健全なビジネスの話ならば、それで通用するが、国家間の政治的な問題や軍事的な問題となると、サブリミナル効果を用いて、敵対国に影響を及ぼすということは難しい。敵対する国のテレビ局の電波を使って、こちらに都合のよいイメージを流すというのは、まずはできない相談だからだ。

さらに、インターネットの急速な普及は、新聞やテレビといった旧来からのマスメディアを駆逐しつつある。資本をもつ大企業がスポンサーとなり、広告枠を買うというスタイルが変容するとともに、プロパガンダの形も変貌しようとしている。

チョムスキーのいう「フィルター」はもはや機能せず、無名の個人であっても、巨大資本をもつ大企業と同じように、情報を発信し、プロパガンダを行うことが可能な時代がやってきたのだ。情報の発信量が天文学的なレベルに達しているため、映画やテレビのサブリミナル効果のように、当局が一括して規制することさえできない。

さまざまなカルト宗教や危険な政治団体も、隠れ蓑のサイトをもち、勧誘しやすい人を効率的に集めることができる。便宜や情報を提供する善意の第三者を装いながら、本人を信用させ、深みへと誘い込もうとする。

ネットのサイバー空間は、言ってみれば、地図も警察もない、あらゆる危険がひそむ密林に迷い込んだようなものである。

膨大な情報と孤立というバランスの悪さを抱えた現代人は、主体的に選択してアクセスしているはずが、いつのまにかそこに依存し、そこからの情報によって、知らないうちに思考や行動を左右されるということが、日常的な光景になろうとしている。

究極の兵器としてのマインド・コントロール

インターネットの世界は、アメリカのような強力な軍事国家にとってさえ、もはや完全にコントロールすることのできない魔窟となっている。ウィキリークスの事件は、そのことを世界中に痛烈に印象付けた。「アラブの春」によって示されたように、インターネットは、政府さえも転覆させる力を持ってきている。

そうした中、世界に冠たる軍事国家であり続けようとしているアメリカは、新たな可能性に向けた試みを続けている。

人々の思考や感情を、一瞬のうちに、しかも遠隔からコントロールすることができれば、それは究極の兵器になり得るのではないのか。その可能性に向けた研究が、軍事的な面で再浮上してくることになったのには、もう一つ理由があった。

それは核兵器の拡散防止と縮小を目指す国際的気運の高まりである。一九七〇年に発効した核拡散防止条約に始まり、一九八七年には、中距離核戦力全廃条約、一九九一年には第一次戦略兵器削減条約が締結され、それぞれ廃棄を完了している。

そうした動きを受けて、致死性兵器の代表である核兵器とは正反対のコンセプトで、人を殺傷することなく、敵の反撃能力を奪い、軍事的な勝利を収める技術が、あらたなテーマとして浮上してきたのだ。

それを実現すべく、ブッシュ（父）政権が立ち上げたプロジェクトが、ＨＡＡＲＰ（High Frequency Active Auroral Research Program：高周波活性オーロラ調査プログラム）である。その実態はヴェールに包まれているが、電磁波によって発生させた磁場の作用で、地球上の一定地域の人々の精神活動や行動に影響を及ぼす方法の開発を目指しているようだ。

一見、奇抜すぎる荒唐無稽なアイデアとも思えるが、十年以内に人類を月に送り込むというアポロ計画が始動した時、それはもっと実現が困難なおとぎ話であった。そもそもこうしたアイデアが、国家的プロジェクトとして採用されたということは、それなりに成算があるということを示している。

電磁波によって脳に影響を及ぼすという可能性が、現実のものとして認識されたのは、実にヴェトナム戦争の頃のことであった。アメリカ軍は、敵が捕虜を訊問する際に用いたＬＩＤＡという装置を押収していた。ＬＩＤＡは、一定周期の電磁波と音波を引き起こすもので、それを装着して、波動を与えると、被験者の脳波にも、同期した波が出現する。

この現象は、ストロボ発光させた光刺激によって、一部の人に生じることが知られていたが、それが電磁的な波動によっても生じるのである。てんかんだけでなく、被暗示性の高いヒステリー性格の人にも、この同期現象が起きやすい。つまり、催眠にかかりやすい人では、この現象が起きやすいということになる。実際、ＬＩＤＡによって同期状態を引き起こすと、トランス状態に似た精神状態になるという。それによって、催眠を施したのと同じように、訊問や洗脳をやりやすくすると考えられる。

今日目指されているのは、それよりはるかに高度なもので、電磁波や磁場をかけることで、脳の状態自体を直接的にコントロールする装置である。こうした試みの一部は、すでに臨床応用もなされている。経頭蓋磁気刺激法（ＴＭＳ）と呼ばれるもので、めまいや耳鳴り、頭痛、脳梗塞の後遺症、パーキンソン症候群、うつ病、幻聴の治療などが試みられ、効果があったとの報告もなされている。

この領域において、特異な貢献をした研究者の一人が、ホセ・デルガードで、脳に埋め込むチップを開発したことでも知られている。埋め込み式のチップは、パーキンソン病などの治療に実際に使われている。症状に応じて、電気パルスの頻度を変えることで、神経伝達物質ドーパミンの分泌を調節するのである。

デルガードはさらに、脳にチップを埋め込むといった侵襲なしに、脳の状態をコントロールできないかということに関心を向けていく。そして、彼がたどり着いた方法は、やはり電磁パルスを脳に与える方法であった。電磁パルスの周波数を調節することで、気分や思考に影響を及ぼすことができるという。しかも、それに必要なエネルギーはわずかで、自然界に存在する電磁波のエネルギーよりも、ずっと小さなエネルギーで可能だという。

デルガードの研究に、早くからＣＩＡなどが関心を示していたが、それをはるかに大規模な形で継承発展したのが、ＨＡＡＲＰだと言える。少し前までなら、精神病の妄想かＳＦの話でしかなかったことが、現実になろうとしているのだ。

第六章　マインド・コントロールの原理と応用

マインド・コントロールの方法として、これまで見出された原理や開発された技法を、歴史的に振り返りながら、主に無意識の心理学と行動の心理学という二つの観点から述べてきた。

これらの原理は、操作的な意図をもって使われた場合、極めて非人間的な結果をもたらす。悪しきマインド・コントロールは、主体的に思考することを許さず、集団やリーダーへの依存状態を維持しようとする。それは、本来達成されるべき、個人としての自立を阻むものである。

さらに、その依存状態を利用して、さまざまな形の搾取や詐取が行われる。その中には、あたかも本人が自ら進んで行うように見える自己犠牲という名の搾取も含まれる。

カルト宗教なども、これらの原理を巧みに採り入れていることは、今では周知の事実だ。それは、非常に強力なマインド・コントロールをもたらす。その強力さは、入信した子どもを救い出そうとして、入信候補者を装って会に侵入した保護者たちが、入信させられてしまったり、入信しそうになって辛うじて逃げだしたりしたという事実からも、わかるだろう。

その危険を百も承知で接近しても、それがいつしか、自分の方が考え違いをしていると思うようになり、これこそ運命の導きによる真実との出会いのように思え、息子が自分にそのきっかけを与えてくれたのだと思うようになりさえするのだ。まさにミイラ取りがミイラになってしまうほど、強力なマインド・コントロールが行われるのだ。

こうした、悪しきマインド・コントロールは、人道に対する犯罪行為だと言えるが、これらの原理は、善意のもとに、はるかに穏やかで、社会的にも認められた形で、行われた場合には、教育とか啓発とか鍛錬と呼ばれ、ポジティブな意義をもつ行為となり得る。

実際、スポーツ選手や受験生をコーチしたり、ビジネスマンや管理職を鍛えたりするのにも活用できるし、悪い嗜癖を治したり、意欲を高めたり、行動を修正したりすることにも応用できる。ただ、使い方を誤ると、文革時代の思想改造所や北朝鮮の強制キャンプのような押し付けに陥る危険があるということを、よく理解しておかねばならない。目的は異なるが、基本原理には共通する点も多いのだ。どこが両者を区別するのかを、はっきり理解しておくことが必要だろう。

本章では、これまでさまざまな文脈で述べてきたマインド・コントロールの原理を、五つの原理に集約して振り返りながら、マインド・コントロールとは、どういう意味をもつのかということを改めて考えてみたい。主体性を奪い、人生を搾取する方法としてだけでなく、これらの原理を善用する可能性や、そこにひそむ危険についても考えてみたい。

第一の原理：情報入力を制限する、または過剰にする

まず重要になるのは、情報入力のコントロールだ。人間の脳は情報処理装置である。そして、人間の脳には、処理能力のキャパシティがあり、適度な量の情報が与えられたとき、もっともスムーズに働くことができる。

思考パターンや行動パターンに変化を引き起こさせようとするとき、重要なきっかけとなるのは、情報入力が極端に不足するか、極端に過剰になるかのいずれかである。

ただ、両者ではまったく意味が異なってくる。

情報入力が極度に低下した状態が感覚遮断状態だ。感覚遮断状態に置かれると、人間の脳は情報に飢えた状態になる。どんな情報でも、それが無いよりは、それをインプットしたいという過吸収状態が生まれるのである。元々受け入れ難いと感じていた思想であっても、情報飢餓状態におかれたうえで、それに接すると、入り込みやすくなるのだ。

外界から隔離し、外部の人と話のできない孤絶した状態に置くことは、洗脳の基本である。最初の章で触れた「トンネル」状態を作り出すことによって、精神的な視野狭窄状態をもたら

す。目的とする一点にだけ関心を集中させ、それ以外のことを考えなくさせ、その一点に向かって進んでいくしかないように仕向けていく。

情報入力が極度に制限されることで、洗脳が起きやすくなることも、感覚遮断実験などで裏付けられている。

カルト教団が入信候補者を誘い込み、信仰を植え付ける場合も、独裁国家の秘密警察や諜報機関が、政治犯や敵方のスパイを、「改宗」させ、自分たちの手先に仕立て直す場合も、この原理が用いられてきた。隔離して、完全に孤独で刺激の乏しい状況におき、外部からの情報だけでなく、感覚刺激さえも遮断する。さらに睡眠を奪い、疲労と単調な生活を強い、主体的に考える能力を奪う。

こうして情報や刺激に対する飢餓状態におき、抵抗力を奪ったうえで、教化や思想修正の時間だけが、魅力的で人間的な刺激となるように与えられる。刺激に飢えきった脳は、それが以前の信念と合致しようがしまいが、いつのまにかそれを受けいれ、吸収していく。脳が正気を保つためには、そうするしかないからだ。外から注がれた考えが、いつの間にか自分の考えになっている。

多くのカルト教団が、入信候補者を缶詰にして、外部と接触を断たせ、入信を迫る場合も、オウム真理教が、信者を外界から隔離されたサティアンに住まわせ、単調な「修行」以外のことが何もできないようにしたことも、情報遮断によって、脳の正常機能を失わせ、その人本来の判断力を奪うという原理が用いられている。

テロリストの養成過程においても、隔離した環境で暮らさせ、面会や外出に厳しく制限を加えるだけでなく、テレビや新聞といった外部からの情報も極力制限される。強制収容所や秘密警察では、さらに誰とも話ができないような独房に長期間監禁するということも行われる。それによって、新しい情報や信念を植え込みやすい状態が生まれ、マインド・コントロールが容易になる。

スターリン治下のソ連における政治犯だけでなく、冤罪をかけられた容疑者でも、長期間の隔離によって情報の流入が制限されると、取調官の顔色に合わせて、自らの罪状をでっち上げるだけでなく、それを真実だと信じてしまうということさえ起きる。感覚遮断状態によって生じたマインド・コントロールの力は想像以上に大きい。

教育や啓発を効果的に行おうとする場合にも、同じ原理が当てはまる。劇的な変化を生じさせようと思えば、情報や刺激の入力を減らして、脳が単調さに退屈した状態を作ることが一つのポイントになる。その単調さを一定期間続けて、刺激や情報に対する飢餓状態を作った上で、少しだけ教えると、乾ききった砂が水を吸い込むように、知識を吸収していくということが起きる。

普段なら楽しみにならないような単調な刺激でさえ、楽しみになり得る。昔から学問や技芸を学ばせる場合、寄宿舎や合宿という形が好んで用いられたのは、集団生活を学ばせるとか競争させるといった意味もあるが、一つには、外界との接触を減らし、無関係な情報入力を減らすことだったと言えるだろう。そこにある種の「トンネル」を作ることで、一点の光だけを見つめて進んでいく状態が生み出されることになる。

情報入力が多すぎると、どうしても気が散ってしまいやすくなるだけでなく、主体的な意欲も低下しやすい。情報入力のレベルを下げることで、自分からそれを求めるようになり、吸収も良くなるのである。

感覚遮断のような極端な状態は、神経系を混乱させるだけで好ましくないが、ほどよく刺激への暴露を減らすことは、意欲や主体的な関心を高めるのに、非常に効果的なのである。ことに自分で考える力を養い、維持するうえで、情報入力が控えめであることは、とても重要である。

情報があまり入ってこないと、人は少ない情報から考えるようになる。空白の部分を、考えたり想像することで補おうとする。感覚遮断のような極度の欠乏状態におかれると、空白の部分を埋め合わせようとして、考えや想像が暴走し、幻覚妄想にまで至ってしまうが、適度に情報入力を減らすことは、むしろ自分でじっくり考え、物事を振り返るといった作業をするのには大事なことなのだ。

子どもを教育する場合でも、才能を育てる場合でも、この情報入力の原理は非常に重要である。成果を焦り、多すぎる情報を与えてしまうと、受け手の方は、興味も意欲も失くしてしまう。もっと悪いことに、自分で主体的に考えるということをしなくなる。

逆に言えば、本人の主体性を奪い、操り人形やロボットに仕立て上げようと思えば、常に情報過剰な状態に置き、脳がそれらの情報処理で手いっぱいになり、何も自分では考えられない状態にしてしまえばいいということになる。

実際、洗脳にはそうした方法も常套的に用いられる。絶えず音楽や録音テープがかかった部屋におかれ、早朝から夜遅くまで、絶えず話を聞かされる。しかも、苦痛や不安を高め、絶えず気がかりな状態におくことで、脳を疲れさせ、集中力を奪う。疲労困憊して処理能力が低下しているところに、容赦なく大量の情報を注ぎ込み続けるのだ。脳はオーバーフローの状態になり、主体的に情報を取捨選択することができなくなり、考える力も抵抗する力も失っていく。

この状況は、膨大な情報に日々さらされながら、疲れきって過ごしている現代人と、少なからず重なる。成長途上の子どもも例外ではない。テレビ、ネット、ゲーム、マンガ、ケータイ……。子どもは今、洪水のような情報に取り巻かれ、それに溺れた状態で育つ。子どもたちの主体性や創造性や考える力が低下しているとしたら、そうした環境の影響も否定しがたいだろう。

子どもをゾンビ化するには、過剰な情報にさらし続け、自分で考える暇も与えずに、常に何かをやらせるのが、〝最善〟の環境だからだ。まさに、子どもたちにとって、そうした環境が受動的に実現してしまっていると言えるだろう。

スチューデント・アパシーというものが登場した七〇年代以降、若者の無気力や無感情というものが進行の一途をたどり、その症状が、強制収容所体験の影響に似ていることは、偶然の一致ではない。脳にとっては、酷似した状況が、我が家にいながら起きていたことになる。

第二の原理：脳を慢性疲労状態におき、考える余力を奪う

第一の原理をさらに強化する目的で、合わせて用いられるのが、脳のキャパシティ自体を低下させることである。特に、過剰な情報を負荷して、処理能力をオーバーした状態を作り出す場合、同時に、脳の処理能力自体を低下させれば、主体的な判断能力を奪うことがいっそう容易になる。

それは、神経生理学的な状態としては、脳の伝達物質を枯渇させることである。疲労困憊、

不眠、低栄養、極度のストレスによって、脳の伝達物質が底をつくと、脳はうまく機能しなくなる。

両方の方法を併用することで、さらに強力に、正常な判断能力を奪ってしまい、抵抗を弱め、新しい情報や信念を受け入れやすくする。情報が処理しきれない状態に陥ると、脳は主体的に判断することを止め、もっぱら受動的、機械的な処理に頼るようになる。抵抗や批判を奪ううえで、それは好都合である。

はるかに健全な形ではあるが、押しの強い営業マンが、機関銃のように話し続けるのも、断り文句を言わせないということもあるが、言葉という情報を流し込み続けることによって、相手が主体的に考える余力を奪い、受動的な状態に置くことでコントロールしやすくできるからである。

洗脳においては、脳を絶えずビジーな状態に置くとともに疲労困憊させる方法が徹底して取られる。まず頻用されるのは、睡眠時間を奪い、その質を劣悪なものにするということである。

睡眠を奪う方法としては、大きく二つに分かれる。一つは、安眠を妨害する意図が最初から明らかなもので、騒音や光、安眠できないベッド、横にならせない、揺り起こすといった物理的な方法で睡眠を妨害する。これは、秘密警察や軍などが訊問に使用するやり方でもある。一晩中騒音を立て、また叫び声や威嚇する声によって、勾留した者がよく眠れないようにするということも行われる。

もっと非人道的な方法になると、熟睡しようとすると体が転げ落ちてしまうように、わざと傾けて固定したベッドや狭くて体が伸ばせないような部屋が用いられることもある。スピーカーから不快な音を流し続けるといった方法もとられる。

朝から深夜まで交替で訊問したり、夜中に突然起こされて訊問したりするといった方法は、ベーシックなものである。また、窓のない真っ暗な部屋や、一日中煌々と明かりがともった部屋で寝起きさせ、意図的に食事間隔を長くしたり、短くしたりして、生活のリズムを狂わせ、体内時計を攪乱させるということも行われる。生活のリズムが一定しないと、人間は、通常の何倍も、疲労とストレスを感じやすくなるのだ。

もう一つは、もっと巧妙でエレガントな方法で、一見睡眠を奪うことが目的というよりも、もっと役に立ち、楽しくさえある活動が目的のように見せかけたもので、結果的に睡眠を奪い、疲れさせる。

学習や自己啓発、修練、真理の探究を目的として、早朝から深夜まで取り組みを行わせ、話をしたり、講義を聞いたり、集会をしたりといったことが延々と続けられる。

その場合、いつになったら休めるのか、いつになったら解放されるのかという見通しを与えず、もう終わりかと思うと、また次の課題や活動を課すことによって、疲労の限界を超えさせるという方法もしばしば採られる。

最初は、あまり抵抗のない内容で、自分のためになると思わせることや楽しい内容を中心にする。睡眠不足が重なり、疲れ切って思考力や心理的な抵抗力が低下したところで、次第に核心的な内容を持ち出してきて説得にかかる。

睡眠不足と疲労と強い不安が何日も続くと、どんなに強い意志をもった人物もしだいに心理的抵抗力を失っていく。

もう一つ頻用されるのは、糖質やビタミン、タンパク質、脂肪、ミネラルなどの栄養を不足させることである。それによって、脳が正常な機能を維持できないようにする。

加えて、過重労働や単調で遣り甲斐のない作業を長時間行わせ、疲労を蓄積させる。無意味なことをやらせることで、達成感や作業の喜びを奪い、いっそうストレスを強めることを意図する。

さらに、先の見通しを奪い、常に高いレベルの不安と緊張に晒し、希望と絶望の間を行き来させることで精神的に消耗させる。わざと親切にするかと思うと、激しく罵倒し、打ちのめす。それも、大した理由もなく態度を変える。それによって、当人を混乱させるのだ。

そうした境遇に長期間置かれると、主体的に行動するということは一切見られなくなり、相手の顔色だけをうかがい、それに合わせて行動するということしかしなくなる。その状態は、虐待を受け続けている子どもの状態に酷似していると言えるかもしれない。

人は予測できることに対しては、ある程度心構えをもつことで対処することができるが、予測不能な状態に置かれると、脆さを見せる。精神を蝕まれ始める人も少なくない。パブロフの「逆説的段階」が、すでに作り上げられた行動パターンに揺さぶりをかける上で、非常に有効だったように、見通しを奪うことは、洗脳や思想改造において効果を発揮してきた。

手荒なことをしなくても、何が起きようとしているのか見通しを与えずに、一切かまわずに長時間待たせるだけで、人は病み始める。


実はこうしたことは、戦前の日本でも行われてきた。共産主義や社会主義に、社会の救済を見出そうとした若者たちが、治安維持法により数多く逮捕された。まだ日本では、本格的な洗脳技術はなく、主に拷問を伴う尋問によって、取り調べが進められるとともに、転向が迫られることになった。

だが、拷問や暴力は、思想改造にはあまり効果的とは言えなかった。暴力によって何かを無理強いしようとすればするほど、相手は頑なに口を閉ざし、意を屈しなかったからである。小林多喜二のように、拷問されても抵抗を続け、命を落とす者もいた。

しかし、一部には、「転向」する者もいた。特に知識人の中に、そうした人が少なくなかった。彼らは、「転向」する直前までは、転向を強要されていたと言えるが、一旦、「転向」が起きると、まるで事態は百八十度変わった。彼らは、もはや共産主義者や社会主義者ではなく、むしろ、その敵対者、反駁者となった。彼らは進んで、かつての仲間を売った。「転向」した者にとっては、自分が一時期、共産主義者や社会主義者であったことは、「過去の間違い」に過ぎなくなった。

「転向」をもたらすうえで力をもったのは、拷問といった暴力よりも、いつ終わるともわからない隔離や単調な生活による情報の欠乏、孤独、不安、時間が空費されていくことへの焦りであった。

逆に、マインド・コントロールされている者を脱洗脳する場合にも、脳のキャパシティ・オーバーを引き起こすという同じ方法が使われることがある。後の章でみるが、カルトや組織から引き離し、隔離状態に置くと同時に、昼夜を問わず議論を吹きかけ、教義や信条の矛盾をつき、相手を完膚なきまでに論破することが有効な方法となり得る。

アルカイダなどのテロリストの訊問においても、こうした方法が採り入れられている。捕虜収容施設での拷問の事実が告発され、国際的な非難を浴びたアメリカ政府は、訊問のスタイルを刷新し、非人道的な処遇によらない方法で、テロリストを寝返らせる方法を編み出そうとした。

そうした中で、許容される方法の一つとしてしばしば使われるのが、矢継ぎ早に質問を発し、訊問される者の処理能力の限界にオーバーフローを引き起こすものである。スタッカート・クエスチョンとも呼ばれるこの技法は、非常に効果的だとされる。一つ一つの質問を、ゆっくり尋ねられるのであれば、つじつまの合うようにウソを吐くこともできるが、間髪入れずに、無関係な質問を次々と、畳みかけるようにされると、整合性を考えながら答えることが不可能になる。同じ質問に対して、答えが微妙に違っていたりすれば、そこをすかさずついてくるので、やがてウソがばれ、作り話が破綻してしまう。そこをさらに追及し、小さな情報でも引き出すことに成功すると、その破れ目から堤防が決壊するように、やがて洗いざらい喋ることになるのだ。

彼らにとって情報を渡すことは、仲間を裏切ることを意味し、もはやテロリストとして胸を張り続けることができなくなる。

そこで同時に進められるのは、その信条や行動に対して、矛盾した事実を抉り出し、突きつけ、揺さぶりをかけ続けることだ。行動の結果を客観視させようと自爆テロの場面を記録した映像や犠牲者の無残な写真を見せる場合もある。それによって、理屈だけでなく感情にも訴え、混乱を引き起こし、コントロールを失わせるのだ。情報だけでなく情緒的な刺激も過剰に注ぎ込むことによって、脳という器をパンクさせてしまう。それによって、破綻や逆転を起こしやすくするのだ。

無差別な殺傷を正当化していたテロリストにも、家族や友人がいる。心を凍りつかせていても、まったくスキがないわけではない。訊問者は、相手が何を恐れているか、何に動機づけられているかを、かすかな表情の変化や反応を、何人もの目でつぶさにモニターすることによって、探り出す。その結果、見つけ出した弱点やほころび目に、さらに容赦ない攻撃や揺さぶりを加えていくのだ。

こうした一連の操作のベースとなっているのも、脳を情報過負荷な状態に置き、処理能力の限界を超えさせることで、本人からコントロールする力を奪い取ってしまうという原理だと言えるだろう。

会社のような通常の組織も、一つ間違うと、独裁国家やカルトに通じる異様な状況が起こりうる。遅く退社するのが当たり前、長時間のサービス残業が常態化したような会社では、その社員は、慢性的な疲労を抱えるだけでなく、主体的な判断力や独創的な発想をもてなくなっていく。疲労困憊しているのに、その状態にノーと言うことさえできず、結局、使い潰されていく。

そうした会社が、仮に社員を犠牲にして業績を上げたにしても、それはカルトが信者から搾取して栄えるようなものであり、独創的な技術革新や本来の発展が生まれるはずもない。いずれ社員の活力やモラルの低下を招き、内部告発から不正行為が明るみになって、破綻する運命にある。

意味もなく慢性的な疲労状態を強いるような組織や生活には、未来はないと思った方がいい。もっとゆとりをもって、心身をいい状態に保てることが、もっと幸福で自分らしく有意義な人生につながる。

子どもの教育でも、そのことは当てはまる。小さい頃から勉強をやらせすぎたりすると、主体的な意欲がない子どもに育ってしまう。子どもが「疲れている」状態などというのは、絶対避けねばならない。やらせすぎず、もっとやりたいという余力を残すことが、子どもを病まさず、可能性を伸ばすうえで、非常に重要だろう。

第三の原理：確信をもって救済や不朽の意味を約束する

第一の原理と第二の原理によって、主体性や判断力を低下させ、不安を高め、喜びや楽しみを奪われた状態を作り出す過程が、いわば下準備の段階だと言える。こうして欠乏と不安の極限状態に置いて、精神的な抵抗力や批判的に考える力を奪ったうえで、いよいよ核心に踏み込んでいく。そこで行われるのは、あなたにも救われる道があると語りかけることだ。我々の仲間になって信念を同じくすれば、すばらしい意味をもつ人生が始まると、希望を約束するのだ。

隔離と情報遮断によって、欠乏状態におかれたうえで、希望や愛が与えられると、それはいっそう光り輝くようなものとして体験される。それを与える存在が、強い確信と信念に満ちていればいるほど、その人の目には、救済者として映ることになる。そこに、リフトンのいう神秘性を帯びたカリスマ性が重要な役割を果す。その源泉は、信念に対する揺るぎない確信であると同時に、誇大自己の万能感である。それは、貶められ自己否定を抱えた者にとって、神々しく、頼りになるものに感じられるのである。

実際には、そこに逃げ場所を求めるしかないのだが、当の本人は、それが、止むにやまれぬ緊急避難の結果だとは思わず、むしろ、本当の救いに出会ったと感じる。今までの自分が、そのことを知らなかったことを愚かに思い、今自分が悟ったことが、どんなにか素晴らしい真理であると感じる。つまり、苦痛から逃れるための止むにやまれぬ方便などではなく、まさに心の底から、その新しい信仰に目覚めるのである。

情報遮断や感覚遮断に、精神的消耗が加わり、ある種の極限状態にある脳は、通常では体験しないような深いレベルで、影響を受ける。加えて、元々愛着不安や依存的な傾向が強かったり、ストレスやトラウマを抱えていたり、孤立や不適応を感じている人では、なおのこと、堅固な確信をもつ存在にすがろうとする。つまり支配されることが、むしろ安心だと感じるのだ。隔離や情報遮断は、その傾向に拍車をかけ、強力な依存と支配の関係を作り出す。

カルト教団や思想改造所で、しばしば行われる自己批判や批判合戦は、愛着不安を掻き立て、自己愛を徹底的に傷つけ、自己否定を強めさせる。そして、このプロセスが植え付けようとする根本的なスキーマ（認識の枠組み）とは、この自分には何の価値もないが、偉大な指導者やその理念に従うことによって、素晴らしい意味を与えられるということにほかならない。それによって、財産も肉体も生命も喜んで差し出す完全なマインド・コントロールが成立するのである。

テロリストやスパイを寝返らせ、協力者に手なずける場合にも、同じ原理がしばしば用いられる。このままでは絶望と苦痛と死しかない厳しい現実を十分に思い知らせたうえで、その気にさえなれば、生き延びて、幸福な暮らしを手に入れることができると救済を約束するのだ。相手を追い詰めるだけ追い詰め、絶望の底に叩き込んでおいて、急に態度を和らげ、優しく手を差し伸べると、その効果はさらに大きくなる。

救済を〝約束〟する存在としての救世主

救世主というものは、人々を現実的に救うというよりも、救いを約束するという構造をもっている。いついつになればとか、何かをすればとか、条件がつくのだ。本当に救う気があるのなら、先のことを約束などせずとも、黙って救ってくれればいいのだが、それでは救世主は成り立たないのだ。最大の前提として、私を信じれば、救われるだろうと、人々が信じることを要求する。ある意味、信じるということを介してしか、〝奇跡〟も起きないからだ。

キリストや釈迦といった偉大な救世主でさえも、その約束が果たされたかどうかは、議論のあるところだろう。ましてや、元セールスマンやマッサージ師上がりの〝救世主〟が約束した救いが、どれだけ当てになるかは、かなり危ういと言わざるを得ない。

それでも、多くの人がその〝約束〟にすがろうとするのは、この世にあまりにも希望がないからだ。

かつてドイツの若者だけでなく、知識人たちもこぞってナチズムを賛美し、熱烈な喝采を送ったのは、そこに新しい意味や希望が約束されていると感じていたからだ。強い確信をもって希望を約束する救い主が放つ魅力に、知識人さえも容易に欺かれ、自分から進んでマインド・コントロールされてしまう。それもまた希望のない時代が作り出す幻なのである。

喜びや希望、そして生きる意味に飢えた者にとって、それは強く心に浸透する。それに喜んで縋ろうとする。そのために、払う代償が少々大きくても、救われるためなら、取るに足りない犠牲に思える。車も家も売り払い、お布施や献金として寄付する。それどころか、テロリストとして死ぬために、自らの命さえ差し出すのである。

それは、決して他人事ではない。日本やイタリアでも、ファシズムに熱狂的な支持を与えたのは、知識人を含む普通の市民だった。多くの人が、強い確信をもって希望を約束されると、その言葉を信じてしまう。なぜなら、多くの人は、現実の世界では満たされない願望やフラストレーションや不安を抱え、希望や救いを求めているからだ。

人に愛されたい、認められたいという思い、有意義なことを成し遂げたい、自分の人生に意味を見出したいという願い、それは現実の社会では踏みにじられることの方が多い。カルト宗教が、大学生や若い人々に広まってきたのも、人生の意味や不変の愛というものを、それが与えてくれると確信をもって語りかけてきたからだ。

普遍的な価値への飢餓

われわれは、普遍的な価値や使命を人生に求めようとする願望を秘めている。利益や快適さや瞬間的な快楽ばかりを求めようとする社会のありかたでは満たされないものを抱えているのだ。自分が〝常識〟として信じているものは、所詮、みみっちい利己主義的な価値に立脚したものに過ぎず、今の生き方に本当に納得しているか、この社会の在り方でいいのかと正面から問いを投げかけられると、確固としたものと思えていた自分の〝常識〟が、嘘八百の欺瞞で固めたもので、自分自身もそれを心から信じているわけではないことを思い知らされるのだ。

より普遍的な問いかけによって、世俗的な価値観の矛盾や欺瞞を暴き立て、それが空中分解を起こしかけたところで、普遍的な価値を説く教養を持ち出して、それに従えば、普遍的な価値につながる生き方や社会を作り出すことができるのだと説くのである。

われわれ現代人の多くは、普遍的な価値への飢餓という欠乏状態を抱えているがゆえに、そこを攻めてこられると、ぐらっとなりやすいのだ。それはちょうど、愛情飢餓を抱えた女性たちが、愛を囁く言葉に、めまいを起こしたように吸い込まれていくのと同じである。

信じる力を活用する

このように使われ方次第では、大変な災厄さえももたらしかねない危険を孕んだ原理だが、善用すれば、人が前向きに生きていくうえで、大きな支えとなる原理でもある。

信仰をもつ人が、心穏やかに毎日を過ごすことができるのは、どんなときにも、希望が約束されていると感じているからだ。きっと救ってもらえると信じているからだ。

暗示療法の効果の少なからぬ部分が、治療者に対するある種の〝信仰〟に由来していたように、やはり信じることは、強力な暗示効果によって〝奇跡〟を引き起こすこともある。客観的な所見がどうかということよりも、「きみは勉強が得意になるよ」「きみは良くなる気がするな」「もう病気が治りかけているかもしれない」といった言葉が、強力な効果を発揮することは、医者や教師なら、しばしば経験することである。そして、優れた臨床家や教育者ほど、この原理を上手く使いこなす。「希望を約束する」ことで、実際にそれを現実にしてしまう。

第四の原理：人は愛されることを望み、裏切られることを恐れる

もう一つ、マインド・コントロールにおいて不可欠な原理は、人間が社会的動物であることを、逆手に取ったものである。群れで生活するのが基本である人間は、一旦仲間だと認めたものに対して、忠誠を尽くすという本性をもっている。マインド・コントロールしようとする者は、仲間であることを強調したり、親しみを演出しようとする。愛情や共感のポーズを積極的に示そうとする。

不快なだけの体験であれば、いくら説得されても、そこに留まろうとはしないだろう。そこには、外部の世界では得られない快感の要素があるのだ。

「愛情爆弾 love bomber」と呼ばれる手法では、集中砲火を浴びせるように、信者たちが入信候補者に対して、「愛しています」と言い続ける。口先だけの言葉だと思っていても、「愛している」と言われると、悪い気はしないものである。その中には魅力的な異性もいる。照れくさいような気持ちとともに、自分が受け入れられ、大切に扱われているという感情に満たされるようになる。それは、通常の生活では味わうことのない快感であり喜びである。

人は心地よい体験をすると、それをもう一度求めるようになる。心地よい体験を与えてくれた者たちやその場所に対して、愛着や親しみを覚え、それを肯定的に考えるようになる。自分をこんなにも愛してくれる存在が、悪い存在であるはずがないと、理性よりも本能がそう思うのだ。

これこそ、ずっと求めていた体験であり、これまで出会った人たちも社会も決して与えてくれなかったものだと思うようになる。何と、今まで出会ってきた人たちは、よそよそしく冷たく、素っ気なく、自分に対して苛酷だったかと思う。何という違いだ。ここにいる人たちは、自分に惜しみなく愛情を表現してくれる。

そうした感覚に慣れていくと、これまで暮らしていた外の世界は、極寒の土地で、そんなところでよく暮らしてこれたものだと、今までの自分の〝常識〟の方を疑い始める。

そして、親しみや好感を抱くようになった相手から、もう一日だけ、もう一週間だけ、セミナーに参加してみませんかと誘われると、むげに断りにくくなる。小出しにしながら、少しずつ段階的に誘い込み、気が付いたらどっぷり浸かっているというふうに運ぶのも、勧誘の常套手段である。

カルトがしばしば用いる性行為を餌にした勧誘も、親密さの網に搦めとって、抵抗できなくしてしまうという隠れた意図がある。もちろんそれは、誘い込むまでの餌であって、釣り上げられた後まで、そうした恩典が与えられるわけではない。

人間が社会的な生き物であり、一旦絆を結んだ相手を簡単には裏切れないという特性は、共同生活をすることによって、さらに強化される。カルトにしろ、反社会的集団やテロリスト集団にしろ、小集団で生活し寝食を共にする中で、ある種の連帯感や絆を作り出そうとする。リーダーやグルに対する結びつきだけでなく、メンバー同士の横の結びつきも重要な要素となる。それは疑似家族としての働きをもつとともに、〝使命〟を共有することによって、さらに強力な絆となる。

だが、そこに作用するのは連帯感だけではない。グルやリーダーに認められたいという競争心も作用する。そこには、先輩や同期の仲間がいて、互いの行動に知らずしらず左右されるようになる。同期の誰かが高い評価を受けると、知らずしらず同じ行動をしようとする。こうした集団作用が、少なからず個々の者の意思決定に影響を及ぼす。

社会的生き物である人間の承認欲求は、非常に強力なので、自分を認めてくれたものに対して、肯定的な感情やそれに応えたいという忠誠心を生み出す。その結果、人は自分のことを認めてくれた存在を裏切ることに、強い心理的抵抗を覚える。この心理的抵抗は、すなわちマインド・コントロールの力でもある。

カルトのグルが、新しいメンバーを搦めとる場合も、暴力団員が巷の若者を闇の世界に引きずり込む場合も、その力の源泉は、自分のことをわかってくれた、認めてくれたという思いであることが多い。そして、その思いが持続している限り、そこから離反することは〝裏切り〟に思え、なかなかできることではない。

暴力をふるわれ、薬物漬けにされて売春を強要されていても、リストカットの傷を優しくなでてくれて、「もう傷つかなくていいからな」と囁いてくれた言葉を信じている限り、相手を裏切れないのである。現実は、最初から騙されて利用されているだけであっても。

もちろんこの原理もまた、善用すれば、大きな力を生み出せる。優れた指導者やリーダーは、この原理を熟知して活用し、部下や顧客や交渉相手を動かそうとする。逆にこの原理を軽んじたリーダーには、惨めな末路が待っているだけだ。

先にも触れたが、テロリストや戦争捕虜、重大事件の容疑者の訊問においても、かつてのように力ずくでという方法が通用しなくなり、そのスタイルが変わってきている。相手が敵意と不信に満ちていようと、むしろ共感とそれなりの敬意をもって接し、信頼関係を築くことで、心を開かせるという手法が用いられるようになっている。長期にわたって隔離され、孤独と不安に苛まれた状態におかれたものは、優しさや親しみに飢えている。人間扱いされることで、知らずしらず心を許してしまう部分も出てくる。

そうして少し打ち解け、ラポールが成立し、気心が知れてきたところで、揺さぶりをかけるのだ。最初の心を閉ざした状態であれば、ある意味、心構えができているので、怒りや攻撃を受けても跳ね除けられるが、気を許しかけたところで、いきなり来られると、うまくかわすことができない。答えろと迫られ、言葉を濁し、返事をためらうと、今度は激高してみせる。それも計算ずくの行動だが、虚を突かれ、あっけにとられ、狼狽する。ときには、相手を怒らせてしまったことに動揺し、訊問者の機嫌を取ろうと、ほんの少しだけ情報を与えようとしたりする。だが、それが思うツボであり、ひとたび訊問者に譲歩をすると、陥落は時間の問題だ。

二〇〇六年、アルカイダのナンバー2と言われたアブ・ムサブ・ザルカウィが、アメリカ軍の空爆により殺害された。このとき、ザルカウィの隠れ家を突き止めることにつながる一つの手がかりは、別件で逮捕された容疑者が漏らした、ある情報だった。その訊問に当たったマシュー・アレクサンダーは、自ら「二重人格」と認める同情的な態度で相手を信用させ、頑なに口を閉ざす相手の心を次第に開いていった。だが、ただ共感や敬意だけで、もはや死刑を覚悟した男の口を割らせることはできない。アレクサンダーは、容疑者の男の立場に立って、一体彼が最期に何を望むか。彼を動かすとしたら、それは何かを探り続けた。

やがて、浮かび上がってきた事実は、六十歳になる容疑者の男には、長年連れ添った妻がいたが、二、三年前に二人目の妻を娶ったということだった。それは、彼が好色だったからというよりも、彼の一人息子に子どもができず、このままでは血が絶えてしまうと思い悩んだ末の決断だった。

だが、二人の妻を養うことは、経済的にも負担が大きかった。しかも、二人目の妻は、まだ二十歳を少し過ぎたばかりのわがまま娘で、贅沢を好んだ。ところが、戦争で商売は上がったり。経済的に追い詰められ、男はテロリストの仕事を手伝う羽目にもなったのだ。

男は、二人目の妻を娶ったことを内心後悔していた。長年連れ添った妻に、悲しい思いをさせてしまったことが、生涯の悔いになっていたのだ。そんな思いを読み取ったアレクサンダーは、二番目の妻との離婚を認めるという政府の書類と引き換えに、男から情報を引き出すことに成功する。男は、アレクサンダーに手紙をゆだねる。文面は、糟糠の妻に自分の仕打ちを詫びるものであった。

アレクサンダーは心を動かされたが、その手紙が、妻のもとに届くことはなかった。投函されることさえなく、偽造した離婚を認めるという書類と一緒にシュレッダーにかけられた。

容疑者の男は、訊問を担当したアレクサンダーの優しさや善意を信じ、離婚の手続きをしてくれたと信じたがゆえに、その恩に報いようと、仲間のアジトの場所を教えたのだ。だが、アレクサンダーの優しさや善意は、ふりでしかなかった。一方、容疑者の男は、テロに加担するという間違いを犯してしまったが、その根っこは、人を裏切ることのできない善良なイラク人だったのだろう。

優しくされると裏切れないという原理は、裏を返すと、人は裏切られることを恐れる生き物だと言い換えることもできる。つまり、組織や仲間から認められていると信じ、自ら進んで犠牲になろうとしてきたとしても、万一その思いに疑念が生じると、マインド・コントロールが解けるということだ。場合によっては、そうした疑念を刺激し、膨らませることによって、脱洗脳だけでなく、逆マインド・コントロールを行うことも可能だということになる。

本人はうまく利用されていただけで、相手は理想化しているような存在ではないということを示す事実を、これでもかこれでもかと突きつけることは、その時点では目を背けようとしたとしても、やがて疑念を生み、マインド・コントロールを破るきっかけとなる。

裏切られる不安を、積極的に活用する方法に、「囚人のジレンマ」と呼ばれる技法がある。共犯者が、別々に取り調べを受けているような状況では、罪を軽くするため、共犯者が自分を裏切るのではないかという不安が萌す。そこに付け込んで、「相棒は、あらいざらい喋ってくれた」というようなことを、それとなく囁くのだ。聞きだした小さな秘密であれ、共犯者しか知らないような事実を突きつけられると、仲間が裏切ったのではないか、自分だけが悪者にされるのではないかという不安をもはや抑えられなくなる。

身近なところでは、告げ口をしたり、誰それがあなたの悪口を言っていたと、親切そうに知らせるといった行為も、この原理を逆用したものだと言えるだろう。裏切られたという思いから、事実とは関係なく、もはやその人を以前のようには信頼できなくなる。代わって、「親切に」そのことを知らせてくれた相手を信頼するようになるということも珍しくない。それもまた、起きやすいマインド・コントロールだと言える。

第五の原理：自己判断を許さず、依存状態に置き続ける

希望を約束し、その人の価値を認めるという第三、第四の原理は、決してそれ自体が悪いことではなく、むしろそれは、人をエンパワーする場合の基本だとも言えるだろう。問題は、悪しきマインド・コントロールとして行われる場合、それが主体的な行動や自立へと結びついてはいかないということだ。

そこには、マインド・コントロールにおけるもう一つの重要な原理が関係している。それは、自分で考えたり決定したりすることを極力排除し、支配する者だけが意思決定を行い、本人はただそれに従うということである。

危険なカルトや不健全な組織と、健全に機能している団体との決定的な違いは、この点にある。自由な発想や主体的な判断がどれだけ尊重されるか、そこにかかっているのだ。

支配的なカルトの場合、メンバーの上には、メンター（相談役）となる先輩信者がいて、些細なこともすべて相談することが求められる。人生の意思決定のすべてが、自分以外の存在の手に委ねられることになる。人生の意味や希望をいくら約束したとしても、自分で自分の人生の決定さえできないのでは、その時点でその人の人生の意味は失われていると言えるだろう。そこから先に、どんな希望があるというのだ。

しかし、こうした状況は、良家の子どもたちにも起きがちだ。母親がすべてを把握し、子どもに代わって意思決定を行うということを、子どもが成人してからも続けているというケースさえ珍しくない。

服を選んだり、学校を選んだりするのも、母親の助けなしにはできないというのはまだしも、交際相手を選んだり、プロポーズの返事をどうするかまで、母親に頼ってしまうとなると、主体性をもたず、すっかり他者に依存しているという点では、カルトの信者と五十歩百歩の状態と言えるかもしれない。

このようにマインド・コントロールの原理を改めて見ていくと、そこには、マインド・コントロールの技法云々という問題を超えて、われわれ人間が抱える本性的な弱点や課題がかかわっていることに気づかされる。そうした弱点や課題は、社会や人と人との絆が崩壊するとき、いっそう深刻で身近な問題となりやすいのかもしれない。ストレスや傷ついた心を抱え、普遍的な価値や愛情に飢えた孤独な現代人が、自らを守る術は、こうしたワナや危険を認識し、〝免疫〟をつけること以外にほとんどないと言ってもいいのかもしれない。

第七章　マインド・コントロールを解く技術

「それを望んだのは私」

「それは洗脳されるという問題ではなくて、私が欲求したからこそ、オウムに巻き込まれるようになったんです」

これは、オウム真理教から脱会したある元女性信徒が、リフトンとのインタビューで語った言葉だ。

マインド・コントロールの問題を考えるときに、常に忘れてはならないのは、それはコントロールする者からの一方的な操作や支配ではないということだ。コントロールされてしまうのは、それを求める気持ちをもつからでもある。強い確たる存在に同一化したいという願望が、マインド・コントロールを生むのである。

それは、ナチズムに熱狂した、かつてのドイツの若者たちや知識人にも当てはまることであったし、反社会的集団の手先となる若者や暴力的な男性の言いなりになる女性にも、同じことが言える。

従って、マインド・コントロールを「解く」ということは、マインド・コントロールする側の非や不正を暴くだけでは不十分だということだ。自分よりも強力な存在に依存したい、そうすることでしか自分を支えられないという気持ちをどうにかしない限り、その試みは失敗に終わる。

結局、そこから見えてくるのは、依存と自立の問題である。自分で自分を支えることが、すぐにはできないまでも、もっと信頼のできる身近な存在の助けを借りながら、本来の自立を取り戻していくことが、マインド・コントロールから回復するということなのである。

そういう手当てが十分されないまま、依存していた存在に対する幻滅だけが起きたとき、非常に不安定で、危険な状態を生じる。うつ状態や自殺という方向に向かうか、妄想的になって現実を否認することで、しがみつき続けようとするか、別の依存対象にすがっていくか、いずれかである。どれも、本当の回復でも自立でもない。

だが、こうしたことが、一部の専門家であれ認識されるようになったのは、ごく最近のことである。それ以前は、ただコントロールする側の非を責め、そこから引き離し、力ずくででも説得するという方法しか知られていなかった。実際、そうした方法は「脱洗脳」（デプログラミング）と呼ばれたりした。それは外科手術のように、侵襲性の強いやり方で、さまざまな副作用をもたらすこともあった。

最後の章である本章では、マインド・コントロールから回復する方法について考えたいが、まず、脱洗脳が主流だった頃の話から始めたい。

デプログラマーの登場

日本でもアメリカでも、六〇年代までの「政治の季節」が終わり七〇年代を迎えると、大学のキャンパスも、天下国家の話よりも、自己実現や内面世界に関心を持つ若者たちが多数派を占めるようになる。その頃から、新左翼のセクトに代わって、カルト教団の活動が活発となっていく。そうした中で、入信したわが子を取り戻そうとする家族と、本人や教団の間でトラブルが起きるということも増え始める。

日本よりも宗教の問題に敏感なアメリカでは、ことにそれは大きな社会問題となった。デプログラマーと呼ばれる脱洗脳を業《ぎょう》とする人が現れ、そうした人が、親に手を貸して、子どものマインド・コントロールを解除する取り組みが行われた。

その一人、テッド・パトリックも、そもそもそれを仕事にするきっかけは、自分の息子がとあるカルト教団に入信し、それを救い出したことからだった。

デプログラミング（脱洗脳）は、ある意味、逆洗脳だとも言え、洗脳する側が行うことを裏返したようなもので、そのプロセスには共通する部分も少なくない。

洗脳が、被験者を隔離し、それを妨害する人物や情報との接触を遮断したのと同じように、デプログラミングでは、本人をまず教団や仲間の信者から引き離す。本人にマインド・コントロールを及ぼしている存在から離さない限り、その支配を打ち破ることはできないからだ。

しかし、この点が、デプログラミングを実行するうえで、もっとも困難なハードルとなった。テッド・パトリックのようなデプログラマーたちは、危険を承知で、教団に侵入し、あるいは、本人が出没しそうなところで待ち伏せして、本人を拉致するという方法をとった。親の了解があるとはいえ、これは法律を犯す危険がある行為である。車に無理やり押し込み、そのまま行方をくらますと、あらかじめ用意していた人目につかない部屋に本人を連れて行く。アメリカでは地下室のある家が多く、こうした地下室が本人をしばらく閉じ込めておく目的に使われた。

窓のある通常の部屋では、窓ガラスを割って逃げられたり、騒がれて通報されるという危険があった。まだこの段階では、家族や支援者を「サタン」やその手先だと思っており、隙あらば教団に帰ろうとするからである。身柄を確保し、外から邪魔が入らない状態に隔離することができたら、次の手順に取りかかる。

次の段階では、本人の信念に打撃を与え、綻びを生じさせようとする。教団のさまざまな問題点や教義の矛盾を暴き立て、ただ利用され搾取されているだけだという事実を本人に突きつける。本人は、それをデマだとか、根も葉もない中傷だと言って、まともに耳を貸そうとしないが、さまざまな証拠を用意して、次から次へとそれを言い続ける。

通常のカウンセリングにおいて、中心となる手法が受容であるのと対照的に、デプログラミングでの手法の中心は、対決である。真相や不都合な事実を突きつけ、本人が信じている組織や人物の化けの皮をはぎ、本人の信念の矛盾をついて、それを突き崩していくという戦いを繰り広げ、完膚なきまでに偶像を破壊することが行われる。

洗脳において、情報過負荷の状態を作り出すことが有効だったように、脱洗脳においても、情報の過負荷を引き起こすことが有効である。ゆっくり時間をかけて説得するよりも、短期間に一気に勝負をかけた方が効果的な面があるのだ。しかも、時間がかかり過ぎては、逆にさまざまな危険を生じてしまう。逃げだすかもしれないし、自殺される危険もある。自分達の身が危うくなる場合もある。

そもそも対決という技法は、相手を落とすところまでたどり着けないと、もっと対立を深め、相手の信念を逆に強化したり、ますますそこにしがみつかせたりして、逆効果になってしまう危険と背中合わせだ。万一、本人の〝改宗〟に失敗した場合には、より激しい敵意や憎悪によって、その後の対処がいっそう難しくなってしまう。

成功すれば、取り戻した家族から感謝されるかもしれないが、失敗すれば、教団に逃げかえったわが子は、加えられた不法な行為や人権侵害について言い立て、下手をすれば、刑事告訴される。

だが、そうしたリスクを冒してでも、家族を取り戻したいと思った人たちも少なくなかったのである。

依存症と似た状況

カルト教団の餌食になることを座視するということと、信教の自由を尊重するということは、相容れない部分がある。もう大人だから、どういう人生を歩もうと、本人の責任だと思って放置したために、地下鉄サリン事件のような犯罪にいつのまにか加担させられているということが現実に起きると、やはり介入すべきだったのかという疑問も強まる。

信教の自由も、公共の福祉を損なわない限りにおいて保障されるものであり、公共の福祉に反する教団については、信教の自由も制限を受けるという法律論も成り立つだろう。また、ここでの公共の福祉とは、信者本人の健康や福祉を損なわないことも含まれると考えることもできるだろう。そうした観点に立てば、本人の意思に反しようと、公共および本人の福祉を著しく損なう危険から、わが子を守ることが親の義務、社会の義務だという考え方も導き出されよう。

本人の自由意思か福祉かという問題は、依存症の治療をめぐる議論と、状況が良く似ている。アルコール依存症や薬物依存症の治療について、かつて専門家の間で一般的だった見解は、精神病のように強制的に入院治療を行う対象ではないというものだった。自由意思を尊重し、治す意思のない者には、手を出すことができないという考え方である。

しかし、近年では、依存症というものに対する認識が深まり、精神病と同じように「病識」（病気であるという認識）がない疾患と考えられるようになっている。それとともに、強制的な入院治療も必要に応じて行われるようになっている。

他人だけでなく自分を損なうことをコントロールできないという段階で、それは健康な状態ではなく、自由意思は制限を受けるという考え方が優勢になりつつあるということだろう。かつては、自由意思というものは、もっと信頼できるものと考えられていたが、自由意思も大して当てになるものではないと、見方が変わってきたということである。

余りにも多くの情報と物質にさらされ、常に欲望や不安を掻き立てられ、さまざまな形でマインド・コントロールを受けながら暮らしているわれわれ現代人には、もはや自由意思などと呼べるようなものは、ほんのわずかしか残っていないのかもしれない。

マインド・コントロールは、強い依存状態がそのベースにある。主体的な意思決定を失うことが、依存の本質だとすれば、マインド・コントロールの問題と依存症の問題が重なるのも当然のことだろう。依存症に対して強制的介入が必要な場合があるとすれば、マインド・コントロールについても、強制的な介入が必要な場合があっても不思議はない。

ただ、残念ながら、現在の精神疾患の診断カテゴリーには、「マインド・コントロールされた状態」というものはない。今後、そうした診断が可能になれば、医療的に保護する道も開けるだろう。

もし身近でそうしたことが起きたら

他人事であれば、もう大人だから本人の意思に任すしかないといった冷静な考えも持てるだろうが、これが自分の子どもやきょうだいとなると、そうもいかなくなる。本人の意思だと、果して座視していられるだろうか。

私の知人のケースの場合も、まさにそうであった。大学生になって間もない十八歳の男性が、大学にも通わなくなった。六歳上の兄が、連絡を取ろうとしたが、下宿にも最近姿がないという話である。胸騒ぎを覚えた兄は、八方手を尽くして、本人の同級生等から話を聞いた結果、ある研究会に、弟が最近通っていたことを突き止める。その研究会が、あるカルト教団の隠れ蓑であることが判明した。

兄は、事態の深刻さに慄然としながら、すぐさま行動を起こした。兄は元学生運動の闘士であり、とても行動力があり、さまざまな事情に通じた人物だったので、あの手この手を使って弟がいる教団施設を突き止めると、そこへ乗り込んでいった。

面会を求めると、案の定強い抵抗にあった。本人も会うことを拒否していると言い、引き取るように言われた。だが、それで引き下がる兄ではなかった。本人の口からそれを確かめないと信用できないと言い、とにかく会わせろと息巻いたのだ。

相手も根負けして、短時間だけということで、ようやく面会できることになった。だが、会ってみると、弟はまるで別人のような顔つきになっていて、どこか虚ろな目は、兄を見ても何の感情も示さない。父や母も心配していると言っても、本人はまるで無関心な様子で、家族とは縁を切りたいと言い出す始末だ。

これは大変なことが起きていると確信した兄は、とにかくここから弟を連れ出さねばならないと思い、あれこれ理由をひねり出して、ずいぶんやつれているから食事だけでも食べさせたいと言い張って、短時間だけという条件で、外に連れ出すことに成功した。

外に出ると、タクシーを止め、中に弟を押し込むと、そのまま駅に向かった。弟は抵抗しようとしたが、胸倉をつかんで、今はおれの言うとおりにしろと、有無を言わせなかった。

弟をそのまま田舎の実家に連れ帰ると、片時も目を離さず、家族が交替で付きっきりで過ごし、本人が持ち出す理屈に徹底的に反論し、論破したのだった。

一週間が経った頃、弟のガラス球のようになっていた目に以前の人間らしい光が戻り、自分は何か思い違いをしていたかもしれないと、自分の味わった体験を涙ながらに語りだした。隔離された環境。短い睡眠時間。朝から晩まで続く講義。家族を否定し、神のために生きることを求められたこと。その生き方に、普遍的な真実があるように思え、家族を捨てる決意をしていたこと。それは、カルトに誘い込まれた多くの若者が味わうことになったプロセスでもあった。

もし、この兄ほどの知識と行動力がなければ、弟はいまもカルトの信者として、生きていたかもしれない。

ゾンビのような表情は抵抗の表れ？

この男性の場合もそうであったが、マインド・コントロールを受け、狂信的な信念を植え込まれたときと、そこから再び解放されたときに、特有の目の表情や輝きの変化が見られる。これは、多くの他のケースでも、体験記や専門的な文献にも広く記述されている現象だ。

マインド・コントロールを受けた人の目は、生気を失い表情が乏しい。アメリカの文献では、

「サメのように死んだ目」という表現に出会う。が、脱洗脳に成功すると、その目に生気や輝きが戻ってくる。

マインド・コントロールを受け、操り人形とされることによる面もあるだろうが、生気や輝きを失った目は、教団を否定する家族やデプログラマーに向けられた警戒心による部分も少なくないだろう。心を閉ざそうとしているのだ。

その証拠に、彼らが教団の仲間たちといるときや、他の活動に従事しているときは、必ずしも生気のない死んだ目をしているわけではないことも指摘されている。むしろ幸福な笑顔に満ち満ちていることも多いという。家族や彼らの信念に攻撃を仕掛けてくるかもしれない存在に対して、特にそうした反応がみられるのである。

マインド・コントロールされ、ゾンビや操り人形のようになっているという見方は、ある部分は、不可解な宗教や信念への偏見に起因する部分があるのかもしれない。ただ、その一方で、カルト宗教に入信した後、妄想的になったケースでは、まったく表情が消えてしまうということも、少なからず経験する。主体性や自由というものが、人間の精神が潑剌として健康でいられるためには、必要なのではないだろうか。

カルトとデプログラマーの鬩《せめ》ぎあい

信者が、親らによって連れ去られ、教団を去るというケースが相次いだことで、猜疑心を強めた教団はナーバスになり、外部に対してガードを固めるようになった。防御策の一つとして、万が一家族に拉致され、デプログラミングを施された場合にはどうすればいいかという対抗策まで、あらかじめ教え込まれたのである。

先に述べたように脱洗脳の中心的手法は対決である。しかし、対決という手法は、相手が逃げずに向かい合い続けることが保証されている状況でなければ、使うことは危険を伴うし、効果も得られない。

その意味で、デプログラミングを避ける有効な方法は、話に乗らないことである。説得しようとする側の話を聞いてしまい、それに反論しようとすると、さらに反論が返ってきて、結局、説得されてしまうことになりやすい。だが、最初から話に応じず、一切耳を貸そうとしなければ、相手も説得する術がない。

デプログラミングの重要な柱は、論駁であり、本人の信念が粉々になるまで論破することである。議論に決着がつき、本人が自分の信念の欠陥に気づき、それを棄て去るまで話し合いは続けられる。だが、論戦に応じない相手を論破することは不可能だ。

話に乗らないためには、どうすればいいのか。実際に用いられていた方法の一つは、単純な動作を繰り返し、注意をそちらに向け、話から気を逸らすというものだ。たとえば、体を前後に揺することを繰り返したり、体を軽く叩く動作をしたり、無関係な歌を繰り返し歌ったりする。何を話しかけられても無視して、そうした単純動作を繰り返すという手段に出られると、デプログラミングを行おうとする者としては、なかなか手を焼くことになる。

そうした場合には、長期戦を覚悟して、我慢比べということになる場合もあるだろう。長く一緒にそばにいること自体が愛着を生み、心を取り戻させることにつながっていく。抵抗しても焦らずに、寄り添い続けることは重要だと言える。

ただ、説得する側が逆に追い詰められ、暴力的な働きかけを行ってしまう場合もある。話を聞こうとしない相手の肩や胸倉をつかんで揺さぶったり、顔を近づけて話しかけたり、怒鳴ったり泣き叫んだりして、相手の情動に揺さぶりをかけるということも起きるだろう。

これは無論、最善の策ではないが、有効な場合もある。どんなに見て見ぬふりをしていても、必死に訴えかける姿を見せられると、心を閉ざしきれない瞬間が生まれ、気持ちに届くということが起きる。それによって心の砦に楔を打ち込むことができれば、急激にガードは崩れていく。

頑なに心を閉ざし、話に乗ってくるのを拒否する場合には、侮辱したり見下すような態度を取ったり、相手のプライドや信仰をわざと傷つける言葉を使ったりという方法がとられることもある。デプログラマーたちが、しばしば用いたのは、教祖の名誉を傷つけるような言葉をわざと言うことだった。

それで我慢できなくなり、当人が反論してくればしめたものだ。徹底的に議論を続け、相手の信念の矛盾をつき、最後には、完膚なきまでに打ちのめす。論理的な完全性が打ち破られると、彼らの信念は急速に力を失っていく。理屈で説得され植え込まれた信念というものは、その論理が破綻していることを自覚した瞬間に、支配力を失っていく。その意味で、論理的な反駁によって、本人の信念を打ち崩すことが、デプログラミングでは重要視される。

また、洗脳において、いつまで続くかわからないという見通しのなさが、精神的な屈服を促したように、本人が信念を変えるまで、果てしなく議論を続けるという姿勢を貫くことも、脱洗脳を促すことになる。

実際には、デプログラマーたちは、長くても数日以内に脱洗脳を達成するのが普通で、一晩徹夜で話し合うことでそれを達成することも少なくなかった。相手を眠らせずに話し続けると言うことは、洗脳の場合と同じように非常に有効な方法なのである。

睡眠不足と疲労によって、相手の心理的な抵抗が緩み、論理的に反論する能力も低下しやすくなる。論戦を続ければ続けるほど、打ち負かされ、論理的な破綻に陥りやすくなり、信念が崩れ始める。

一旦、ほころびが見えても手を緩めてはいけないとされる。少し休ませたり、考えを立て直す時間を与えると、捨てかけた信念が力を取り戻すことも多いからだ。弱りかけた信念が復活してきた場合、ある種の免疫を手に入れ、同じような説得が効果をもたなくなってしまうことも珍しくない。その説得に対する反論方法を発見し、それで再武装してしまうのだ。

そうしたことを防ぐためにも、信念が崩れ始めたときには、一気にたたみかけ、自分が間違っていたことを認めて、その信念を棄て去ると明言し、自分の身に起きていた危険を自覚したうえで、もう戻ることはないとはっきり断言する段階に至るまで、なるべく一気にたどり着くことが望ましいとされる。

相手が涙し、子どものようにしくしく泣き出すことは、しばしば起きる反応だが、それで可哀想だと思って手加減すると、相手に立て直しの隙を与え、泣き顔が突然、猛々しい怒りの表情に代わって、猛反撃されるということも起きる。それが不意打ちになって、洗脳を解こうとする側が慌てたりすれば、形勢がすっかり逆転してしまうこともある。

最終的に、狂信的な信念が崩壊すると、そこには明らかな変化がみられる。呆然とする者もいれば、わっと泣き崩れるものもいる。新生児がオギャッと第一声を発するように、甲高い泣き声を発することもある。

北朝鮮に拉致され、二十年以上を過ごし、日本に一時帰国した蓮池薫さんの場合も、北朝鮮での洗脳によって北朝鮮を正当化しようとする薫さんに対して、兄が夜を徹して議論をし、翌朝までには、すっかり洗脳が解けて、北朝鮮には戻らないという考えに変わっていた。

一晩というタイムリミットの中で、必死の議論を続けたことが、脱洗脳につながった。北朝鮮からの帰国、慣れない記者会見、長距離の移動など、緊張と疲労が蓄積した中で、敢えて睡眠をとらせずに議論し続けたことが、かえって良かったということになる。もし、疲れているだろうからと気を遣って、結論が出ないままに議論を打ち切り、休ませていたら、あるいは北朝鮮に戻ってしまっていたかもしれない。

極度の緊張感や恐れ、疲労といったものが洗脳に利用されるように、同じものはしばしば脱洗脳にも利用される。デプログラマーの中には、心理的な作戦としてそれを意図的に用いる人もいる。

伝説的なデプログラマーの一人、フォード・グリーンは、その活動が映画化されたこともある人物だが、彼が最初に行ったデプログラミングのやり方は、彼のスタイルをよく表している。カルト教団にいる友人を救い出したいという依頼を受けたグリーンは、当時、ちょうど交通事故に遭って、全身傷だらけの状態だった。彼は、その状態を活用することにした。

友人たちによって拉致された若者が連れてこられると、グリーンは、眼帯や包帯で、傷だらけの体を覆った異様な格好で、その若者の前に現れた。そうでなくても、グリーンは、身の丈が百九十センチ近くある巨漢で、いかつい体つきは心理的圧迫感を与えるのに十分だったが、その男がミイラ人間のような不気味な格好で現れたのである。若者はすっかり怖気づき、生理的嫌悪感と恐怖にとらわれたようだった。そのさまを看て取ってから、グリーンはおもむろに、二人だけにしてくれと、後の連中を下がらせた。

そして、顔と顔がくっつかんばかりの至近距離で向かい合いながら、ゆっくり眼帯や包帯を外し始めた。恐ろしいばかりの傷口が現れ、若者は卒倒しそうになりながら、両眼を見開いたまま恐怖で固まっていた。

するとグリーンは、さらに顔を近づけ、若者の目を覗き込むように見てから、こう言ったという。「愛してるよ」と。すっかり気を飲まれた若者に向かって、グリーンは教団の教義に関する容赦のない議論を始めた。だが、もう勝負は始まる前からついていた。

だが、同じグリーンも、手痛い失敗を喫したことがある。それはほかでもない、自分の妹キャサリンを、ある教団から拉致して、脱洗脳を施そうとしたときのことである。彼らは二人の私立探偵や両親を含む大がかりなチームを組み、叔父の農場の地下室に拉致監禁するところまでは成功したが、デプログラミングに対する免疫処置を施されていたキャサリンは、思いのほか手ごわかった。

最初は一切話を聞こうとせず、埒が明かない状況が続いた。だが、グリーンが堪忍袋の緒を切らして激しい怒りを爆発させると、形勢は一時グリーンの側に傾くかに見えた。しかし、キャサリンの泣き叫ぶ声を聞いた家族が、それに耐えられず、割って入ってきたため、グリーンは一旦手を緩めざるを得なかった。それが結局、致命的となる。

長期戦に持ち込むと、キャサリンは隙をうかがった。不用意に持ち込まれたジュースの瓶に眼を留めると、一瞬のうちにキャサリンは、それを叩きつけて割り、その破片で手首を切ろうとした。それはどうにか押しとどめたが、もう片方の手で破片を握りしめるのを防ぐことはできなかった。親指の血管や腱が切れ、大量の出血が床に広がった。グリーンが駆け込んできたとき、キャサリンは、勝利の微笑みを浮かべていたという。

彼らはキャサリンを病院に連れていくしかなかった。一見大人しく治療を受けるかに見えたキャサリンだったが、救急治療室に入るや、自分が拉致監禁されていると騒ぎ出した。キャサリンは、電話をかけることを要求し、かなえられると教団の友人に居場所を知らせた。グリーンたちは、自ら警察に通報したが、キャサリンが教団に戻ることを押しとどめる手立てはなかった。その後、キャサリンは改名し、さらに用心深く居所を隠し、二度と家族の前に現れることはなかった。

身内であるがゆえに、キャサリンは、グリーンを含む家族の性格や弱点をよく知っていた。

キャサリンは、その弱点を巧みについて、脱洗脳を免れたと言えるだろう。さしものグリーンも、妹の信念に対して、残忍なまでに徹底的に攻撃を加え続けることができなかったのだ。

脱洗脳は、成功すれば、仲間や家族を取り戻せるが、失敗すれば、最悪の敵となるというぎりぎりの賭けだと言える。だから、やる以上は成し遂げる必要があるということになる。中途半端ほど危険なことはないのだ。

脱洗脳にひそむ危うさ

しかし、こうしたプロセスが成功しようが失敗しようが、デプログラミングもまた洗脳であり、信条や価値観の強制であるという危うさを抱えていることは否めない。それは行き過ぎると、親の意に沿わない結婚や進路を選択した子どもを、親が望む方向に〝修正〟するといったことに用いられる危険さえある。

実際、もっとも有名なデプログラマーの一人であるテッド・パトリックは、伝統的なギリシャ正教の慣習に従おうとしない二人の娘のデプログラミングにかかわったと伝えられている。

このことは、精神医学でもしばしば問題となるテーマである。ある傾向を「障害」と捉えるか、「個性」と捉えるかによって、「治療対象」とされるかされないかが分かれることになる。本人に自覚がなくても治療することが必要な状態と、過剰に病気だと思うことが、むしろ病気を作ってしまう状態がある。無理やりにでもデプログラミングして、今までいた世界に引き戻すことが必要な状態と、むしろそれは健全な自立であり、成長として歓迎すべきもので、同じ信条や行動を求めることの方に無理がある場合もある。デプログラミングが正当化されるか否かは、それほど答えの明確でない微妙な問題だ。

事態を紛糾させたのは、デプログラミングを仕事とする人たちが増え、中には、雑な仕事をするケースも出てきたことだった。あるケースでは、あるカルト宗教の女性信者を拉致し、脱洗脳を施して、キリスト教に戻したが、両親から娘が、ユダヤ教徒だったと聞かされて、拉致した相手を間違えたことに初めて気づいたという杜撰なことさえ起きている。

それくらいデプログラマーの仕事が繁盛していて、一つ一つのケースに細かく気を配っていられないほどだったということだろう。だからと言って、罪を免れるはずもなく、そのデプログラマーは、七年の実刑判決を受けている。

こうなってしまっては、カルト宗教とデプログラマーは、人の心を安易に操作しようとする驕りという点で、さして変わらない存在になってしまう。

変化した空気

デプログラミングとカルト教団をめぐる鬩《せめ》ぎ合いについて、マスコミが取り上げ始め、社会の認知が広まりかけた時期においては、世間やマスコミの風潮は、子どもを取り戻し、デプログラミングをすることにも好意的なものであった。親だったら、洗脳され、カルト宗教に搾取されるわが子を黙って見ておれず、法律を犯してでも、取り戻そうとするのが当然のことだと、多くの人が考えたのである。

しかし、この風潮が、徐々に変わり始める。アメリカでは七〇年代前半に、潮目の変化があったとされる。日本でも、多少時期はずれるが、そうした変化が起きる。

カルト教団に対する警戒心や敵意をもった見方が後退し、親といえども、本人の自由意思に反して、子どもを拉致したり、信条や宗教を強要することの方を問題視するようになるのである。

その空気の変化は、警察の対応の変化ともなって表れる。それ以前は、わが子を救い出そうとする家族の心情に、同情的なものだった。たとえば、カルト教団に入信した娘を取り戻そうと、パトリックらがその女性を拉致し、脱洗脳を施そうとしたことがあった。だが、隙を見て、その女性は逃げ出すと、警察に駆けこんだ。女性は教団に戻りたいと言ったが、事情を知った警察が、彼女を連れて行ったのは、パトリックらのもとだった。警察も、デプログラマーらの行動に理解を示し、多少の違法行為には目をつぶっただけでなく、むしろ手を貸したのである。

ところが、デプログラマーらの行動が行き過ぎ、起訴や有罪判決を免れないケースが目につき始めると、空気が変わる。マスコミまで、カルト教団に対する攻撃に倦《う》んだように、むしろデプログラマーを血祭りに上げ始める。

そうした世間の空気の変化に、警察も従順だった。パトリックのような名の知られたデプログラマーも起訴され、刑務所に送り込まれてしまう。こうなると、カルト教団の側は一気に攻勢に出る。デプログラマーたちを、次々と告訴し、自分たちの邪魔をするものたちを一掃してしまった。もはや懲役に行く危険を冒してまで、カルト教団の餌食となった人たちを力ずくで救おうとする人はいなくなってしまった。本人の意思に任せるしかない状況となったのである。日米で、多少のズレはあれ、同様の事態が進行したと言っていいだろう。家族が力ずくで教団を抜けさせるといったことも、むしろ法律がそれを妨げたのである。

オウム真理教が社会問題となり始めた時期、わが子を取り戻そうとした父親や母親は、自分たちの無力さをまざまざと見せつけられただけだった。どうする手立てもなかったのだ。

オウム真理教の一連の事件が起きて、カルト教団に対する社会の見方は一気に厳しいものとなったが、それでも、そうした教団に救いを求める若者たちが後を絶たない。教団が暴走しない限り、それを押しとどめる法律はない。彼らには信教の自由があり、自分の判断で自分の信仰を選ぶことができる。そこに危険なマインド・コントロールの影がつきまとったとしても、彼らは自分で自分の人生を守るしかないのだ。

その後、『Brainwash（洗脳）』の著者ドミニク・ストリートフィールドは、グリーンが〝救出〟に失敗した、彼の妹キャサリンとのインタビューを行っている。ハーヴァードのコーヒーハウスに現れたキャサリンは、二児の母親になっていた。キャサリンは、とても幸せそうで、生き生きとしていたという。そして、自分は決して「洗脳」など受けておらず、自らの意思で教団に留まることにしただけだと話した。

妹を失った家族の思いと、本人の思いとのあまりの違いが印象的だ。だが同時に、洗脳と脱洗脳が紙一重の危うさをもち、何が幸福で何が正義であるかということに、絶対的な基準などない価値観と価値観の鬩ぎあいでもあることを思い知らされる。

強制的介入が許される場合

その意味で、介入を行う場合にも、本人の主体性や信念・信教の自由という基本的人権の尊重ということが、非常に重要になってくる。

では、すべての場合において強制的介入は許されないかというと、決してそうではない。状況によっては、それが必要な場合がある。今日、強制的な介入が法的にも認められる状況は、次のような場合に限られるだろう。

①自傷他害行為が現に行われていたり、その危険が切迫している場合。
②違法行為を行ったり、それに巻き込まれたり、その危険が切迫している場合。
③本人の基本的人権が損なわれているが、さまざまな心理的圧力によって、本人自身が異議を唱えたり、抵抗することができない場合。
④未成年者や児童の場合で、本人の権利が侵害されたり、本人の福祉や健全な心身の発達に反することが行われた場合。
⑤精神障害や認知機能の低下が存在し、現実的な判断力が低下し、治療や保護が必要と認められる場合。

以上の五つの場合には、正しいステップを踏んで行えば、介入には法的な根拠があり、本人の意思に関係なく、行動の制限、身柄の保護、拘束、強制入院による治療などを行うことが可能だ。

まず、動きやすいのは、本人が児童の場合である。その場合は、児童福祉法が適用されるため、学校に通わせていないとか、十分な食事を食べさせていないとか、強制的に労働をさせているとか、心身の健康や発達に問題が生じているといった状況が認められる場合には、児童相談所などが介入して保護することができる。

また、違法行為すれすれのことを行っていたり、生活が著しく乱れて法律違反の恐れがある場合には、少年法により、虞犯として警察などが保護することができる。虞犯とは、犯罪の虞《おそれ》があるということで、保護の対象とすることができる少年法ならではの規定である。

児童と並んで、積極的な保護の対象となるのは、精神障害がある場合や、それが疑われる場合だ。精神保健福祉法第二十二条には、「精神障害者又はその疑いのある者を知つた者は、誰でも、その者について指定医の診察及び必要な保護を都道府県知事に申請することができる」と定められている。指定医の診察の結果、精神障害のために自傷他害の恐れがあると認められた場合には、措置入院の対象となり、また、自傷他害の恐れがなくても、保護して治療を施す必要がある場合には、保護者の同意による医療保護入院の対象となる。

薬物などの乱用や依存、その後遺症、パーソナリティ障害やPTSD（外傷性ストレス障害）なども、精神保健福祉法がいう「精神障害」に含まれるので、その適用範囲はかなり広い。知的障害や認知機能の低下により、判断能力が低下している場合にも、たとえ本人が自ら望んでいても、本人の利益が損なわれている場合には、積極的な介入が可能である。

一見、精神障害が認められないようなケースでも、カルトなどにはまりやすい人では、依存性パーソナリティ障害が認められることが多い。それによって、自分自身の利益や福祉を著しく損うことを自ら行っていると認められれば、医療保護入院をさせたり、後見人をつけたりすることは、法的には可能である。ただ問題は、依存性パーソナリティ障害のような状態やその危険性について、精神科医の間での認識が、まだ乏しいということだ。

また、精神保健福祉法のこの条項は、法の定めるとおりに運用されていないという問題もある。先に述べたように、法律上は、すべての人に指定医診察を申請する権利が認められている。だが、この制度はほとんど活用されていない。実際には、警察や保健所が通報して初めて、指定医診察が行われるのが普通だ。ところが、一番その役割が期待される警察も、精神障害が疑われるケースには、対応が及び腰になりがちだ。

家族や近隣の人に精神障害があり、治療も施されないまま、妄想による行動のため、周囲が著しい迷惑を被っているという場合でさえ、警察は積極的に介入しようとしないことが多い。トラブルを繰り返し起こしていても、殺人や傷害事件でも起こさない限りは、精神障害が疑われると、逆に手出しをしない。引っ張っても、どうせ起訴の対象にならないという考えが働くためだろうが、これは、社会の福祉という観点でも、本人の福祉という観点でも、残念な事態である。警察が介入することで、初めて治療の軌道にのり、安定した生活や社会復帰につながるケースも少なくないからだ。周囲が疲弊し、家族が離散したり、殺人や傷害という不幸な事態になる前に、介入することが求められる。

警察は、その気になれば、保護して医療機関に連れていくこともできるし、保健所長を経て都道府県知事に通報することもできる。明らかな興奮や錯乱状態でないと、落ち着いているとみなされ、通報によりせっかく駆けつけても保護しようとしないことも多い。妄想性の精神障害などでは、精神科医でさえも、時間をかけて丁寧に診察しないと妄想の存在を見落とすことが少なくない。表面的な状態で判断するのではなく、ここ数か月間の本人の行動や言動を、周囲の人からも詳しく聴取することが不可欠である。

精神障害が疑われる場合には、積極的な介入により、家族も近隣の住民のみならず、本人も救われることにつながる。

精神障害が強く疑われ、本来、保護が必要な場合でさえ、こうした状況である。したがって、もっとも難しいのは、本人の人権や利益が著しく損なわれているにもかかわらず、明白な精神障害や判断能力の低下を示す根拠がなく、本人自身も、それに抵抗できないとか、自ら望んでそれを行っているという場合である。

ただ、精神障害がないかどうかは、あくまでも診断してみなければわからないということがある。それを疑う根拠があれば、法的には指定医診察を申請することが可能である。診察によって精神障害が新たに見つかる可能性もある。診察の際に、人権侵害の事実や違法行為の疑いが浮上するかもしれない。それらは、別の手段による介入の根拠やきっかけになる。

オウム真理教の場合であれば、薬物投与や過酷な修行が行われていたわけであるから、もし家族などが、本人の指定医診察を申請していれば、その中の少なくとも何人かには精神障害が見つかり、あるいは、人権侵害の事実が明らかとなって、介入のきっかけが生まれ、致命的な状況に至る前に、救出につながっていたかもしれない。

一見したところ、判断能力の低下もない一般成人のケースでは、介入は、より難しくなるが、まったく不可能というわけではない。その突破口の一つとしては、何らかの違法行為が証明される場合だ。

アメリカの判例だが、教団側の明らかな違法性や危険性を証明できれば、本人の意思に反する「誘拐」さえも、緊急避難として認められ、無罪となったケースもある。無論、当該の組織や相手方、あるいは本人が違法行為の加害者や被害者となっているという場合には、警察に捜査を要請することができる。それによって、本人の保護につながる場合もある。

警察が動くことで違法性が証明されることにより、マインド・コントロールが解けるきっかけになることも多い。マインド・コントロールを受けやすい人の多くは、真面目で純粋な人である。そのため、はっきりと「悪いことをしていた」とか「違法だ」ということが示されると、信じ続けることが難しくなっていく。騙されていたのだと、次第に思うようになる。

そうしたケースでは、違法な行為や犯罪の事実を、具体的に突きつけ続け、それによってどういう苦しみや被害が生じたかを示すことが重要になる。

救出カウンセリング

脱洗脳の手荒な手法が非難を浴び、本人の自由意思が尊重されるべきだとの空気が強まるなかで、本人の健康や福祉が明らかに損なわれているようなケースであっても、介入はいっそう困難になった。

ただ、中には、そうした暮らしに疑問を感じて、迷いを抱えながら、惰性でそこに留まっているという人も少なくない。さらには行き詰まりを感じ、自ら相談を求めてくるという場合もある。また、正面切って脱会することができず、問題やトラブルを起こすことで、結果的に離れようとする場合もある。この場合の問題やトラブルは、間接的なSOSだと言える。そうしたケースは、回復のための支援を必要としているのである。

そうした中、脱洗脳の手法に対する反省を踏まえて、新たに採り入れられるようになったのが、イグジット・カウンセリング（「脱会カウンセリング」「救出カウンセリング」）である。この手法は、強制的な方法はとらず、あくまでも本人の主体性を尊重する。

対決を重視した脱洗脳とは対照的に、救出カウンセリングが重視するのは、受容と共感によって信頼関係を作ることである。特に家族との間の関係を修復することに重きを置く。なぜなら、その根底にある問題は、依存の問題であり、そこに依存せざるを得ないのは、身近に信頼できる関係がないからである。逆に、信頼できる関係を取り戻せると、自分を損なう関係に依存する必要はなくなるのである。

カルト教団などの宗教団体からの脱会に限らず、暴力団からの脱会や暴走族、薬物仲間からの離脱、暴力的なパートナーからの自立や薬物依存からの脱却、それらいずれを支援する場合にも、基本となる原理は同じである。

カルト宗教であれ、反社会的仲間であれ、薬物であれ、問題のあるパートナーであれ、それをおおっぴらに攻撃したり、否定したりするという姿勢はとらず、むしろ本人が、そこに惹かれていった経緯やその気持ちを共感的に受け止める。そうして、さまざまな出来事を回想し、語る中で、自分がおかれていた状況や、自分に何が起きていたかを、客観的に振り返れるようになる。

本人が信じ、依存していたものを否定するという立場に立ってしまうと、その人は、相手に対して心を開くという気持ちを持ちにくいし、自分の信じていた存在を守ろうとして防衛的になり、余計に頑なになることで、結局、冷静な視点で事態を振り返ることができなくなってしまう。

共感的だが、中立的な姿勢を保つことで、本人は安心して、事実をありのままに語るようになるし、それによって、本人自身が、何が起きたかを客観的に見つめることができる。

　最初のうちは、都合のいい面ばかりを語っていたとしても、やがてそうでない面についても語り始める。自分が感じていた違和感や出会ってきた矛盾についても話すようになり、自分の中にある、両方の気持ちを自覚するようになる。しかし、この段階では、離れるか留まるか、二つの気持ちの間で揺れていることが多い。

両価的な気持ちを明確化する

　こうした本音が語られるようになった段階で、非常に重要なポイントは、相反する気持ちが同居する「両価的」な心の状態を明確な言葉にしていき、それをしっかり受け止めるということである。

　何であれ、それを心の支えとして依存していた人では、そこから離れていこうとするとき、必ず正反対な気持ちの間で揺れ動くことになる。依存を脱し、自立を回復したいと思う一方で、依存しないでは生きていかれないという不安や自信のなさを覚えるのだ。

　暴力的な男性に支配されてきた女性は、別れたいと思う一方で、そうすることに恐れを抱き、自分には、そんなことはできないと思う。薬物に依存している場合も同じだ。薬物を止めたいと思う一方で、そんなことは無理だと思ってしまう。

まず、この両方の相反する気持ちを、口に出して語らせることがポイントだ。一方の気持ちだけを無理強いし、本人がそうすることにすると口先で決意を語ったとしても、両価的な思いが十分に解決されていないと、簡単に裏返ってしまう。

デプログラミングの手法によって一旦「改宗」に成功し、取り戻したはずの元信者が、再び教団に戻ってしまうというケースが相次いだ。その代表的な例は、キャシー・クランプトンという女性のケースで、彼女は、当時「愛の家族」と呼ばれていた教団の信者だったが、家族からの依頼により、テッド・パトリックが、デプログラミングを行ったのである。

彼女の誘拐から、デプログラミングを受け、それが成功裏に終わるまでの模様は、全米でテレビ放送され、大きな反響を呼んだ。ところが、それから数日後、キャシーは教団に戻ってしまったのである。テッド・パトリックは、誘拐の罪で訴えられた。

ただ、このときの訴訟は、パトリックに無罪判決が出ている。その根拠は、「差し迫っている危険から、子どもを、自分の手で取り戻すことが、物理的に不可能だと、親が合理的かつ理性的な信念を抱いている場合においては」、親は子どもを守るために必要な「移送」を、代理人に委ねることができるというものであった。それが認められたのも、この教団が、ＬＳＤなどを宗教儀式に使用させていたことが裏付けられたためである。

しかし、成功したかに見えた脱洗脳が覆るという結末は、デプログラミングという方法の欠陥の必然的な結果とも言えるだろう。両価的な気持ちの一方を圧殺しようとしても、そうはいかないのが人間の心なのである。一旦、どちらかの気持ちが勝利を収めても、両価的な気持ちと十分向き合って、そこを克服していないと、簡単にひっくり返るということが起きてしまう。

依存する気持ちの根底にあるもの

この段階では、むしろ両方の気持ちがあるのを当然のこととして受け止め、それぞれの気持ちが、いまはどの程度あるかを聞き、それがそれぞれどういう気持ちであるかを話してもらう。それを繰り返すことで、それぞれの気持ちの根底にあるものが、次第に見えてくる。何が自分をそこに惹きつけ、そこに縛り付けているのか。何に自分が支配されているのかが、段々と明らかになっていく。

たとえば、ある覚醒剤依存の女性は、覚醒剤に惹きつけられる理由として覚醒剤そのものがもたらす快感だけでなく、「キメ友」（薬物を一緒に使用する仲間のこと）とのつながりが、大きな要素になっていたと、自ら語るようになった。

また、暴力団員の男性に支配されていた女性は、暴力をふるわれても離れられなかった理由として、その男性が、囁いてくれた愛の言葉に縋り続けていたことを語った。ひどい目に遭わされても、その言葉を思い出すと、こんなふうに愛してくれる人は、他にはいないと思ってしまう。

こうしたことを、心に秘めている限り、なかなか支配力は衰えない。

しかし、不思議なことに、一旦それを口にして語り、自分を縛る気持ちの正体がわかってくると、支配する力は衰え始める。人間は、その正体が自覚されていないと、その力に支配されやすい。ところが、正体を知ってしまうと、その力は次第に制御できるものになっていく。

依存する気持ちの根底にあるものは、多くのケースで共通している。大部分のケースでは、愛情やつながりを求める気持ちと自分の存在や価値を認めてもらいたいという思いがかかわっている。つながりと自分の価値に対する欲求。それは、社会的かつ形而上的生き物である人間の二大欲求と言ってもいいだろう。

現実の社会の中で、つながりと自分の価値に対する欲求がうまく満たされないとき、その欲求を手っ取り早く満たしてくれるものに溺れる危険が高まる。

カルト宗教は、大きく二つに分かれる。一つは、家族や愛といった絆を重視したもの。もう一つは、修行や祈禱により常人を超えたパワーを手に入れるといった自己鍛錬に重きを置いたものである。同じ仏教でも、大乗仏教は前者の傾向がみられ、小乗仏教は後者の要素が強い。前者は大衆的、庶民的な宗教であり、後者はエリート的な志向がみられる。

そこには、人間の二大欲求、すなわち「つながりへの欲求」と「自己価値への欲求」が反映しているといえる。

つながりの回復

したがって、カルト宗教にしろ、反社会的集団にしろ、薬物やパートナーとの依存的関係にしろ、そこから脱出して、自立を成し遂げるためには、本来あるべきつながりを回復し、またその人の自己価値を、もっと健全な形で取り戻す必要がある。

そのために必要なステップとして、行わなければならないのが、家族との関係修復や信頼できる存在との関係の確立である。

デプログラミングが、それを請け負ったスタッフを中心に行われ、依頼した家族が前面に出ることとさえあまりないのとは対照的に、イグジット・カウンセリングでは、むしろ家族が積極的に関わり、信頼関係を取り戻そうとする。

この点は、すべての依存から脱却を支援する場合に当てはまる重要な特徴だと言えるだろう。実際、カルト教団からの離脱に限らず、反社会的な集団との関係を清算できるかどうかや、薬物依存を脱せられるかどうかの鍵を握るのは、家族との関係がどれだけ安定したものに変化するかなのである。つまり、愛着という絆が安定化し、その人にとって安全基地となる存在が、確かな支えとして機能することである。なぜなら、不安定な愛着しかもてず、安全基地の代用品となっていたのが、薬物やカルトへの依存だからである。したがって、別の世界に行ってしまったわが子を、ただ否定し、非難するのでは、いっそう深い溝に隔てられるばかりである。

家族が感情のままに行動したのでは、ますます関係は悪化し、本人は、いま縋っているものに縋り続けるしかなくなってしまう。ここでの対応が成否を分けると言ってもいいだろう。

第三者が介入し、家族に対してアドバイスを行うことが必要になる。家族が、本人の言い分や気持ちを受け止めることが出発点となる。その上で、家族の側が感じていることや心配していることを、冷静に伝えていく。そして、何よりも、家族としての変わらない愛情を伝え、どんな状況になっても、本人が一番大切であることを話す。

家族がそうした接し方を心掛けるだけで、劇的な変化が生じることも多い。

そうした機会を、適当なインターバルをおきながら繰り返しもつと、急速に信頼関係を取り戻し、同時に、今まで依存していた対象への思いは、色あせたものに変貌していく。

その意味で、家族の理解や支えが得られるケースでは、回復の支援がより容易だと言える。しかし、そうした幸運なケースばかりではない。支えとなる家族がいなかったり、家族がまさに元凶となっているケースも少なくない。親自身がカルト教団にどっぷりつかって、子どもがそこに巻き込まれていたり、親自身が暴力団員であったり、薬物依存であるというケースも少なくない。

そうしたケースでは、親から一旦離れることが、回復のためには必要となる。しかし、それらのケースでは、親と子は互いに依存し合っていたり、支配・被支配の関係にあることが多いので、いっそう離れがたいという面を抱えている。

親以外の関係で支えられる環境を整え、自立していく勇気が持てるように本人を支えていくか、親を支え、親の回復も同時に図っていく必要がある。

自己価値を回復する

つながりの回復とともに必要になるのは、依存している世界以外で、自己価値を持てるようにする取り組みである。知的能力や職業的技能を磨いて、社会で活躍できる場を広げることが必要になる。

DVの夫から逃れてきた女性が、元気を取り戻していく過程で重要なのも、彼女たちが資格や仕事を得て、経済的に自立できる自信をもてるようになることである。ある女性の場合、それまで専業主婦として夫に経済的に依存していたが、夫のDVがエスカレートしたために、シェルターに逃れた。その後、女性は、ヘルパーの資格を取得して働くようになり、アパートを借りて自立。暗かった表情が別人のように明るくなり、毎日が楽しいと語るようになっている。

カルト宗教や反社会的集団に依存している人は、もはや外の世界では生きていけないという思いを抱えていることが少なくない。風俗産業に頼って暮らしている女性にも、その傾向がみられる。

元々能力のあった人も、狭い世界で生きているうちに、他の世界に適応する自信も勇気も失ってしまうのだ。職業訓練や資格取得といった話を、それとなく持ち出すことで、外の世界で生きることが、まだまだ可能なことを知らせることが第一段階だ。本人の中に、変わりたいという気持ちが兆せば、自分からそうした話を持ち出すようになるだろう。目標ができれば、それに向かって、具体的な準備をするように働きかけていく。進歩した点を評価しながら、今努力して取り組んでいることが、すべてこれからの人生で役立つことを伝え続ける。

マインド・コントロールの問題は、結局は自立と依存の問題に行きつく。そこで問われるのは、われわれがどれだけ主体的に生きることができるか、なのである。

おわりに

マインド・コントロールについて書くことになったのは、文春の安藤さんから頂いた一本のお電話がきっかけだった。二〇一二年の五月のことだったと記憶する。当時、ある女性タレントがレギュラー番組を長く休んだ末に降板し、すっかり別人のようになってしまったのは、某占い師から〝マインド・コントロール〟を受けているためではないかという疑惑が世情をにぎわせていた。あまりテレビをみない私も、その〝事件〟のことはそれとなく耳に挟んでいたが、特に関心があったわけではない。マインド・コントロールというテーマは、そのときの私にとっては、いささか古びた、過去のものに思えていたからだ。

マインド・コントロールが、それ以前に、わが国で話題になったと言えば、オウム真理教の事件が起き、その実態が明るみに出た頃のことである。当時は、流行語になるくらい、この言葉が頻繁に飛び交った。

今から思えば、まだ当時の日本は、世界第二位のGDPと多額の貿易黒字を誇る、押しも押されもせぬ経済大国であった。バブルの余韻さえ色濃く残っていた。

ご存じのとおり、それから十数年の間に日本は凋落を続け、状況は一変することになる。そして、中国にGDPで世界第二位の地位を明け渡したというニュースが伝えられた直後、わが国を襲ったのが、東日本大震災と福島の原発事故だった。

未曾有の被害と放射能汚染への恐怖、電力不足と経済の大混乱の中、日本は一気に貿易赤字国に転落した。弱り目につけこむように、尖閣諸島などをめぐる領土問題が降りかかり、国の前途は危うさを増すばかりである。週刊誌の見出しには、「戦争」という言葉さえ踊り始めた。

内憂外患の国難の只中にあっては、一芸能人の身に起きたことはおろか、市民一人一人の心理状態など顧みるゆとりさえなくなる。国が亡び始めたと、誰もが浮足立ち、飛び交う情報に知らずしらず振り回されていく。全か無かの単純化された思考に陥り、ヒステリックな過剰反応に走る。冷静で控えめなものよりも、確信をもって希望を約束してくれる存在にすがろうとする。

私自身、そうした空気を肌に感じていたので、マインド・コントロールという言葉さえ、平和で豊かな時代の遺物のような気がしたものだ。いまどきこんなテーマをと訝りながら、最初は気乗り薄で、文献に当たり始めたのだが、そのうち自分の思い違いに気づかされることになった。このテーマが何ら新鮮さを失っていないどころか、マインド・コントロールの問題が本当に重要になるのは、誰もが、一人一人の心の問題などかまっていられなくなった、まさに今日的な状況においてだということを認識させられることになったのだ。もっとも大きなスケールでマインド・コントロールが起きるのは、大部分の人々が、未来に対して希望を失ったときなのである。

本書を今読み終えようとしている方には、その意味がよくおわかりいただけることと思う。全体主義の亡霊が人々の心をとらえ、排除と戦争へと暴走させるのは、多くの人々が自分の頭で考える余裕をなくし、受動的な受け売りを、自分の意思だと勘違いするようになったときである。そのとき同時に見られる兆候は、白か黒かの決着をつけようとする潔癖性が亢進し、独善的な過剰反応が起きやすくなるということである。

マインド・コントロールの問題が突きつけている問いは、われわれ現代人に、自らの運命を選ぶ主体性はあるのかということに思える。情報の洪水と希薄化するリアルというアンバランスな状況に暮すわれわれが、果して自ら選択したと言える生き方をすることができるのか。外からもたらされる情報や空気を鵜呑みにするのではなく、自分の頭で考え、体験のみならず過去の歴史に照らし合わせて判断し、冷静さを忘れずに行動することはできるのか。こうした状況だからこそ、その問いは、いっそう重要性を帯びているように思える。

末筆ながら、本書を執筆する機会を与えてくださった文藝春秋編集部の安藤泉氏に感謝の意を記したい。

二〇一二年一二月

岡田尊司

付記

単行本として本書を刊行してから三年余りの時間が経った。だが、あとがきで述べた状況は、何一つ変わらないどころか、いっそう深刻化しているように思える。変わったと言えば、問題がさらにグローバル化し、世界を巻き込む度合いが増しているということだろう。

忘れてならないのは、マインド・コントロールは、テロリストといった、見るからに危険そうな集団の専売特許ではなく、親切な顔をして、あなたに奉仕する存在として、いつの間にかあなたの懐に入り込み、あなたをコントロールする手段としても活用されているということだ。

個人が主体的な責任ある選択をすることは、ますます難しい時代となっている。氾濫する情報の海原に呑み込まれないためには、常に自分の頭で思考する習慣を持つとともに、自分にとっての安全基地を大切にする必要があろう。防御を固め、警戒態勢を強化すれば大丈夫とは限らない。幻の敵と戦わないためには、不安に駆られ過剰反応しないことも大事なのである。

二〇一六年三月

岡田尊司

※本書は、二〇一二年十二月に刊行した単行本『マインド・コントロール』（文藝春秋）を新書化したものです。

主な参考文献

『かくれた説得者』V・パッカード著　林 周二訳　ダイヤモンド社　一九五八
『思想改造の心理—中国における洗脳の研究』(人間科学叢書〈6〉) ロバート・J・リフトン著　小野泰博訳　誠信書房　一九七九
『潜在意識の誘惑』ウィルソン・ブライアン・キイ著　管 啓次郎訳　リブロポート　一九九二
『マインド・コントロールの恐怖』スティーヴン・ハッサン著　浅見定雄訳　恒友出版　一九九三
『洗脳の科学』リチャード・キャメリアン著　兼近修身訳　第三書館　一九九四
『ミルトン・エリクソン入門』ウィリアム・ハドソン・オハンロン著　森 俊夫、菊池安希子訳　金剛出版　一九九五
『君主論』マキアヴェッリ著　河島英昭訳　岩波文庫　一九九八
『終末と救済の幻想』ロバート・J・リフトン著　渡辺 学訳　岩波書店　二〇〇〇
『ミルトン・エリクソンの催眠療法入門』W・H・オハンロン、M・マーチン著　宮田敬一監訳　津川秀夫訳　金剛出版　二〇〇一
『自己暗示』新装版　C・H・ブルックス、エミール・クーエ著　河野 徹訳　法政大学出版局　二〇一〇
『隠れた脳』シャンカール・ヴェダンタム著　渡会圭子訳　インターシフト　二〇一一
損害賠償請求事件　札幌地裁判決（平成24年3月29日）
"The manipulation of human behavior" Biderman and Zimmer (eds.), John Wiley & Sons, Inc., 1961
"Thought Reform and the Psychology of Totalism" Robert J.Lifton, W. W. Norton & Co., Inc., 1963
"Project MKULTRA, the CIA's program of research in behavioral modification: Joint hearing before the Select Committee on Intelligence and the Subcommittee on Health and Scientific Research of the Committee on Human Resources, United States Senate, Ninety-fifth Congress, first session, August 3, 1977" United States and Congress and Senate and Select Committee on Intelligence, U. S. Govt. Print. Off, 1977
"Feet of Clay: A Study of Gurus" Anthony Storr, Free Press, 1997
"Hypnotic Leadership: Leaders, Followers, and the Loss of Self" Micha Popper, Praeger Pub., 2001
"Controlling the Human Mind" Nicholas J.Begich, Earthpulse Press, 2006
"Brainwash: The secret history of mind control" Dominic Streatfeild, Thomas Dunne Books, 2007
"The Project MKULTRA Compendium: The CIA's Program of Research in Behavioral Modification" Stephen Foster (eds.), Lulu.Com, 2009
"Brainwashing; The Story of Men Who Defied It" Edward Hunter, General Books, 2010
"Ultimate Mind Control" Haha Lung, CITADEL PRESS, 2011
"Articles on Mind Control Methods, including: Deprogramming, Propaganda, Self-hypnosis, Love Bombing, Indoctrination, Sleeper Effect, Coercive Persuasion, Snapping: America's Epidemic of Sudden Personality Change, Propaganda Techniques, Mindwipe" Hephaestus Books, 2011
"1960 CIA Report on Brainwashing and Psychological Torture in the Soviet Union"
"Brainwashing; The Story of Men Who Defied It" Edward Hunter, Farrar, Straus and Cudahy, 1956
"How to Break A Terrorist", Matthew Alexander, St. Martin's Griffin, 2008
http://www.scribd.com/doc/49299715/1960-CIA-Report-on-Brainwashing-and-Psychological-Torture-in-the-Soviet-Union
https://www.cia.gov/

※MKウルトラ計画をはじめとする洗脳研究に関する極秘文書が公開され、閲覧可能である。

岡田尊司（おかだ たかし）

1960年香川県生まれ。精神科医、作家。
東京大学文学部哲学科中退、京都大学医学部卒、同大学院高次脳科学講座神経生物学教室、脳病態生理学講座精神医学教室にて研究に従事。京都医療少年院勤務、山形大学客員教授を経て、現在岡田クリニック主宰。大阪心理教育センター顧問。医学博士。著書に『脳内汚染』『インターネット・ゲーム依存症』（以上、文藝春秋）、『アスペルガー症候群』『発達障害と呼ばないで』（以上、幻冬舎新書）、『愛着障害』（光文社新書）、『母という病』（ポプラ新書）他多数。

文春新書

1074

マインド・コントロール　増補改訂版《ぞうほかいていばん》

2016年4月20日　第1刷発行
2023年9月1日　第9刷発行

著者　岡田尊司
発行者　大松芳男
発行所　株式会社 文藝春秋

〒102-8008　東京都千代田区紀尾井町3-23
電話（03）3265-1211（代表）

印刷所　理想社
付物印刷　大日本印刷
製本所　加藤製本

定価はカバーに表示してあります。
万一、落丁・乱丁の場合は小社製作部宛お送り下さい。
送料小社負担でお取替え致します。

ISBN978-4-16-661074-7